LES ENFANTS DE PARIS.

LE
# GAMIN DE PARIS
## A ALGER,

IMPRESSIONS, RÉFLEXIONS, ADMIRATIONS ET
SUFFOCATIONS DE VOYAGE

De Joseph Meunier, dit le Gamin de Paris,

RECUEILLIES ET MISES EN ORDRE, D'APRÈS LE MANUSCRIT AUTOGRAPHE
DE L'AUTEUR,

PAR

*Émile Vander-Burch.*

...... *Domestica facta.*

TOME SECOND.

PARIS,
W. COQUEBERT, ÉDITEUR,
48, RUE JACOB.

1843.

LES ENFANTS DE PARIS.

# LE GAMIN DE PARIS
### A ALGER.

II

*OUVRAGES DU MÊME AUTEUR :*

---

## LES ENFANTS DE PARIS.

**L'ARMOIRE DE FER,** histoire d'avant-hier.
**ZIZI, ZOZO ET ZAZA,** histoire de trois Étages.
**LE PANIER A SALADE,** histoire de soixante-sept maisons.
**LA MAISON MAUDITE,** histoire de cent Ans.
**LE BREVET D'INVENTION,** histoire d'une Savonnette.
**L'HOMME DE PAILLE,** histoire d'un Fainéant.
**LE GÉNÉRAL POLICHINELLE,** histoire de huit révolutions.

---

**LE ROI MARGOT.**
**L'ÉPINGLE NOIRE.**

SCEAUX. — IMPR. DE E. DÉPÉE.

## LES ENFANTS DE PARIS.

# LE GAMIN DE PARIS
## A ALGER,

IMPRESSIONS, RÉFLEXIONS, ADMIRATIONS,

ET SUFFOCATIONS DE VOYAGE

**DE JOSEPH MEUNIER,**

dit le Gamin de Paris.

Recueillies et mises en ordre d'après le manuscrit autographe de l'Auteur,

PAR

Emile Vander-Burch.

.... *Domestica facta.*

TOME SECOND.

PARIS

W. COQUEBERT, ÉDITEUR,

48, RUE JACOB.

**1843**

# EXCURSIONS.

— SUITE. —

## 1

### Mustapha.

Mustapha ou Moustapha, car je crois que les deux se disent, est un nom tellement commun dans les états barbaresques, particulièrement dans l'Algérie, que tout le monde le porte, bêtes et gens, établissements et localités.

Vous avez des Mustapha-Pacha, ministres,

des Mustapha cadis, des Mustapha muphtis, des Mustapha Ben-Ab-del-Kader, chefs de police. Il n'y a pas une corporation qui n'ait un ou plusieurs Mustapha, sans parler des chiens de basse-cour ; c'est une confusion à ne plus s'y reconnaître.

Voilà que les rues s'en mêlent aussi et jusqu'à la campagne. Car le premier mot que vous dira un compatriote que vous rencontrerez à peine débarqué, ce sera :

— Eh bien! mon cher, comment trouvez-vous notre ville ? Comment gouvernez-vous les plaisirs? Avez-vous vu notre musée, notre cercle? Avez-vous été à Mustapha?

Si bien qu'il semblerait que, qui n'a pas vu ce paradis terrestre, soi-disant, n'a rien vu. Toujours est-il que nous avons commencé nos excursions dans la banlieue d'Alger par cette jolie promenade, pèlerinage qui équivaut à celui de Saint-Cloud.

Des omnibus que vous trouvez pêle-mêle sur la place Mahon vous y conduiront au prix de trente centimes par personne, si vous n'allez qu'à Mustapha-inférieur ; ce sera cinquante et même soixante centimes, si vous prolongez votre voyage sur la colline, jusqu'à l'élévation de Mustapha-supérieur.

Vous sortez donc par la porte Babazoun, vous traversez ce long faubourg, à toute heure si vivant, si animé, qui lui fait suite. Arrivé à une distance de quatre kilomètres environ, vous commencez à gravir une côte assez rude par des chemins en pente que l'on s'est efforcé d'adoucir autant que possible. Puis, une grande allée de mûriers s'élevant au milieu d'un large tapis de mauves sauvages vous conduit à une barrière gardée par un cavalier démonté, sa carabine au bras.

C'est l'entrée du camp de Mustapha.

Notre aimable compagnon de voyage, le

colonel Tartas, nous attendait. Son nom nous servit de passe-port et en quelque sorte de talisman. Les portes du camp, fermées au vulgaire, s'ouvrirent devant nous, et nous pûmes admirer l'étendue gigantesque de ce quartier de cavalerie, la symétrie de ces immenses baraques en bois, pouvant contenir chacune de cent-soixante à deux-cents chevaux. Un escadron seulement de ce beau quatrième régiment de chasseurs d'Afrique était cantonné à Mustapha et devait partir à quelques jours de là à la suite du colonel.

Gravissant toujours la colline, nous arrivâmes à un pavillon élégant et presque coquet, d'architecture mauresque, enjolivé et francisé, qui paraissait être plutôt destiné aux plaisirs secrets de quelque gentilhomme indigène qu'à servir de résidence à un état-major.

Qu'on se figure en effet une maison de

grandeur modeste, dont la porte d'entrée est cachée sous un péristyle soutenu par des colonnes, ombragée par des touffes de jasmin et de chèvrefeuille, ayant pour factionnaire un beau palmier, portant haut la tête et secouant ses larges panaches au moindre vent venant de la mer.

La cour elle-même est un bosquet de fleurs et d'arbustes, ayant pour plafond un berceau de vigne, déjà chargé de raisins : à la suite de cette cour, un jardin, plus remarquable par sa variété que par son étendue, et où les fruits de l'automne se montraient déjà avec libéralité quoiqu'on ne fût qu'au milieu du printemps.

Puis, en retour, les dépendances de ce petit palais des champs, l'utile à côté de l'agréable ; l'indispensable pour un officier de cavalerie : les écuries. Et pardessus le marché une petite basse-cour et un chenil.

Le colonel nous fit voir ses quatre jolis chevaux arabes, ses compagnons d'armes, ses fidèles amis de bataille, avec cette complaisance mêlée d'un peu d'orgueil de l'amateur qui vous montre ses tableaux, de l'horticulteur qui vous fait admirer ses élèves.

Des rafraîchissements nous étaient préparés à l'intérieur.

Le colonel nous reçut dans son petit salon qui tient un peu du boudoir, fort propre et fort simple du reste, et où le calicot remplace la soie; mais où nous trouvâmes bonne mine, bon accueil, et ce qu'on ne trouve pas dans les plus opulents palais de nos capitales: une vue magnifique sur la ville, sur la mer et sur la campagne.

Cette splendide colline de Mustapha-supérieur, vue du point culminant, est un coup d'œil vraiment magique: partout une végétation vive, animée, luxuriante, à travers laquelle se montrent de jolies maisons, avec leurs groupes de citronniers, d'oliviers, d'orangers, à la verdure en quelque sorte éternelle.

Une triste pensée vient tout à coup saisir l'observateur philosophe, alors même qu'il contemple ces merveilles étalées sous ses yeux. Ces campagnes si riches, si belles, étaient plus riches, plus belles encore avant que la guerre y soit venue porter le ravage et la destruction. Ce qui charme aujourd'hui vos yeux les eut séduits bien davantage avant la conquête; car vous ne voyez plus que des ruines relevées, de vastes enclos amoindris. La hache des sapeurs a fait disparaître les plus beaux arbres. Les canons et les parcs d'artillerie sont venus détruire ces vergers maintenant stériles, et un camp retranché avec ses redoutes, ses blokaus, ses palissades couvre l'espace où souriaient naguère de paisibles oasis.

Ne pouvait-on exterminer la piraterie sans détruire tant de belles choses?

Ce qu'on appelle Mustapha-inférieur commence et finit au pied de la colline.

Ici la montagne, sous l'effort du colon, s'est divisée en plusieurs petites vallées, couvertes aussi d'habitations maures, maçonnées et meublées à la française, entourées, selon le goût dominant en Europe, de jardins anglais. Toutefois, cet endroit ayant été adopté comme le but de promenade, le lieu de délassement des habitants d'Alger, les restaurants y sont en assez grand nombre.

Le restaurant Belcour, rendez-vous de la société confortable, est l'établissement le plus important de ce genre, par la vaste étendue de ses jardins, par la commodité de son local qui, dans les grands jours, peut offrir à ses habitués une vaste cour entourée d'une galerie mauresque, que l'on remplit de tables à l'heure du repas, et qui devient une immense salle de bal sur le soir.

Nous y dînâmes passablement, mes amis et moi, et au même prix à peu près que si nous eussions fait un pique-nique au pavillon Henri IV, sur la terrasse de Saint-Germain.

Pour chasser l'ennui du retard, pendant qu'on préparait notre banquet, nous fîmes un tour dans les jardins, qui, à l'imitation de la banlieue parisienne, se sont permis aussi le luxe des bosquets à destination équivoque. Nombre de tonnelles, ombragées de pampres, sans oublier la marquetterie gracieuse des capucines et des pois de senteur, s'étendent çà et là autour du bâtiment principal. Des bancs y sont à demeure. On y transporte dans l'occasion des tables et des chaises.

Je m'étais laissé dire que les indigènes, Maures ou autres, soit esprit national, soit motif religieux, ne mettaient jamais le pied dans nos établissements publics.

Je fus donc quelque peu étonné de trouver trois Mauresques ensevelies sous leurs capuces de laîne blanche, assises sous un berceau, dans le jardin de Belcour, et sous la garde d'un petit Biskris. Selon les apparences, quelques Turcs galants devaient rejoindre ces dames, qui semblaient ne pas bouder positivement la civilisation européenne. En effet, elles attendaient un ou plusieurs *partners*, qui avaient pris la même précaution que nous, et étaient allés commander leur repas à l'avance.

L'occasion était excellente pour voir ces beautés indigènes de plus près: et sans voile s'il était possible, car elles s'étaient empressées de les fermer hermétiquement à notre approche.

Arnaud, l'entreprenant, n'hésita pas à entrer dans le berceau et à leur faire de magnifiques compliments dans le goût oriental, dont elles ne comprirent pas un traître mot, mais dont elles rirent beaucoup de confiance.

Leur jeune gardien ouvrait de grands yeux et ne savait trop que penser de cette rencontre imprévue.

Moitié par geste, moitié par paroles, l'un de nous lui intima l'ordre de faire découvrir le visage de ces femmes. Il n'hésita pas ; et soit qu'il fut intimidé, soit qu'il nous prit pour des autorités quelconques, il prononça quelques *ra, cra, ra,* et les voiles s'écartèrent, et nous vîmes véritablement trois figures fort agréables, malgré le rouge, les sourcils peints et les mouches qui les déparaient ridiculement.

La première était une brune piquante à l'œil éveillé, laissant voir des dents d'une blancheur irréprochable.

La seconde, de taille élancée, était d'une beauté plus régulière, plus blanche, presque blonde, des yeux bleus en amande ; elle était aussi plus grande et paraissait plus fatiguée. Elle avait d'assez belles mains et de longs doigts effilés ; mais hélas ! par un goût barbare, bien digne de cette nation abrutie, ses mains, naturellement blanches, étaient teintes jusqu'au poignet d'une couche de jaune orangé fort désagréable à la vue, et chacun de ses ongles était barbouillé de noir.

La troisième nous sembla insignifiante, et elle ne se découvrit pas aussi complètement que ses compagnes. Etait-ce pudeur ou calcul d'amour-propre? c'est ce que nous ne pûmes savoir.

N'ayant rien de mieux à dire à ces odalisques bariolées, d'autant plus que la conversation avec elles eût été difficile, nous prîmes congé d'elles pour nous mettre à table.

Comme un badaud de Paris fait attention à tout en voyage, je remarquai que nous avions un concert assez bizarre et qui dura tout le temps de notre dîner. Ce concert gratuit nous était donné par une quantité incroyable d'hirondelles, qui, ayant leurs nids maçonnés dans l'entablement des galeries et arcades qui nous entouraient, voltigeaient et chantaient sans cesse au-dessus de nos têtes. J'avais déjà été à même d'observer sur la grande place d'Alger le nombre infini de ces volatiles qui forment comme un nuage voltigeant, piaillant et tourbillonnant.

Cette particularité n'a rien que de bien naturel sur la plage africaine, où l'on sait que ces oiseaux de passage viennent s'hiverner de tous les points de l'Europe.

II

## Kouba.

Si en quittant Mustapha, au lieu de revenir à Alger, vous remontez une route magnifiquement percée au travers de la même montagne et du même côté; vous arriverez à Kouba, jolie commune que l'on peut considérer comme le premier essai de colonie tenté par les Français sitôt après leur conquête.

Cette petite perle de la banlieue d'Alger n'est pas l'asile des amours, le rendez-vous des dîneurs; on n'en fait pas même un but de promenade : à peine y voit-on un ou deux modestes cabarets. Mais c'est la première station de cette ligne de villages, qui doit s'échelonner comme autant de sentinelles autour du chef-lieu de l'Algérie, s'étendant des deux points extrêmes de la côte, traversant la Mitidja et longeant la chaîne de l'Atlas.

Kouba est la réunion de charmantes maisons de campagne, de nombreuses petites fermes exploitées par des colons, vous n'y voyez que des maisons proprettes, bien tenues, des jardins potagers et fruitiers, entourés de haies vives bien taillées et bien alignées.

Cette commune déjà importante et qui s'accroît de jour en jour, a déjà pris des coutumes et des façons toutes françaises. Elle a son maire, son curé, son instituteur primaire et jusqu'à son lieutenant de gendarmerie.

Redescendant vers la ville, nous nous retrouverons un peu au-delà de Mustapha-inférieur et à l'entrée du tumultueux faubourg Babazoun, devant la pépinière royale, que l'on appelle aussi le jardin d'essai. Une grille soutenue par des pilastres, en marque l'entrée située vis-à-vis d'une belle fontaine, ombragée d'un bouquet de gros platanes, à côté d'un café maure un peu moins malpropre que les autres.

Ce jardin d'essai, aujourd'hui immense par son étendue, curieux par ses raretés, riche par son abondante culture, est dû à l'habile intendance de M. Genty de Bussy, et à M. Bresson, ses premiers fondateurs.

Il était réservé au directeur actuel, le comte Guyot, de voir ce bel établissement arriver à son apogée, et donner enfin les précieux fruits de tant de labeurs. En effet ceux qui ont vu ce terrain, couvert aujourd'hui d'arbres utiles ou agréables, de tous les végétaux que peuvent produire les deux mondes, alors que ce n'était qu'un sol aride, irrégulier, coupé de marais fangeux, abandonné aux plantes parasites, doivent être saisis d'étonnement et d'admiration.

M. le directeur de l'intérieur nous a fait visiter lui-même ce beau et curieux jardin, confié aujourd'hui à un homme habile et intelligent, M. Hardy.

Là se trouvent réunis comme par enchantement tous les arbres exotiques et indigènes. Des rangs de peupliers, de platanes, d'érables, de sycomores, d'oliviers greffés, une forêt entière de ces mûriers blancs aux larges feuilles d'un vert si doux, vous font croire d'abord que vous êtes en France dans ces bocages riants d'Avignon ou de Vaucluse. Vous vous trouvez plus loin entouré d'orangers, de citronniers, de garoubiers, de lauriers-roses gigantesques, de figuiers de Barbarie servant de palissades, et vous reconnaissez l'Afrique.

Prolongez-vous cette intéressante promenade au-delà des réservoirs et des bassins d'arrosements, merveilleusement placés çà et là avec leurs petits canaux d'irrigation? vous passez à travers un champ de cannes à sucre, droites, effilées, pressées les unes contres les autres, comme des blés géants, laissant retomber aussi des épis du sommet de leur tête altière. De là, vous passez inopinément près d'un petit bois de bananiers, ces palmistes dont le fruit savoureux se rapproche de la figue, dont une seule feuille vous envelopperait tout le corps comme une ceinture.

Puis, viennent des groupes de bambous, de nopals, produisant l'insecte au sang carminé qu'on appelle la cochenille; des bouquets épars de poivriers, de caféiers, de cotonniers, d'indigotiers, et jusqu'à cet arbre plus précieux encore, l'urcéole élastique de Cayenne qui nous donne le caoutchouc.

A la vue de ces miracles, énivré de ces parfums si nouveaux, vous vous croyez transporté par un pouvoir surnaturel au milieu des plus riches vallons des deux Indes.

Revenant sur vos pas, vous remarquerez avec satisfaction qu'on n'a pas dédaigné non plus les plantes médicinales ou légumineuses. Artistement bordées par des lignes de lavandes, de ricin ou de fleurs; vous trouvez une vaste plantation de patates douces, sorte de pomme terre dont la fécule est nourrissante, et tant soit peu sucrée, dont le volume est prodigieux, puisqu'on a vu quelques-uns de ces tubercules atteindre le poids d'un kilogramme.

Comme tous les établissements créés en Algérie, le jardin d'essai, malgré son utilité incontestable, a rencontré aussi ses difficultés et son opposition. On regarda comme une dépense exagérée les 14,000 francs de subvention qui lui furent accordés primitivement. Mais la persévérance des chefs de l'administration triompha des obstacles et du mauvais vouloir.

Le crédit affecté aujourd'hui à la pépinière d'Alger s'élève à 45,000 francs. Cette somme paraît sans doute exorbitante à certains députés économistes.

D'après ce que m'en ont dit, le chiffre à la main, des personnes mieux instruites et plus expérimentées dans cette matière; il faudrait, pour mener à la perfection cette grande entreprise toute nationale, que ce crédit s'élevât encore au double de la somme accordée, et les caisses du gouvernement y trouveraient leur compte. Car les 80,000 francs que l'on avancerait, en produiraient dans peu d'années plus de 200,000. Des terrains encore en friche se couvriraient de plantations. Les mûriers, les oliviers, sans parler des arbres d'agrément et de luxe, livrés aux colons et aux propriétaires des cantons d'Alger et de Blidah, même aux prix les plus modérés, offriraient certainement un immense bénéfice.

# III

**Le Marabout du Hamma.**

Le jardin d'essai fait déjà partie de la commune de Hussein-Dey, qui, avec celles de Mustapha et de Kouba, forment comme la banlieue d'Alger ; et cette petite commune, qui s'étend jusqu'au champ de manœuvre, et au faubourg Babazoun, est meublée de chaque côté de la route, de maisons de campagne, de fabriques et de jardinets soigneusement entretenus.

Le versant de la colline, depuis la fontaine des platanes jusqu'aux premières maisons du faubourg, coupé sous les remparts de la ville, par la belle route taillée dans le roc par le duc de Rovigo, s'appelle le *Hamma*.

Tout ce vaste terrain est cultivé aujourd'hui par des jardiniers mahonnais. C'est le jardin potager de la ville.

C'est particulièrement le Hamma qui approvisionne les marchés de fruits et de légumes.

Comme nous regardions avec intérêt ce site champêtre, notre complaisant cicérone nous fit remarquer à peu de distance de la route, le dôme d'une petite mosquée sans minarets, presque ensevelie sous des touffes d'herbes hautes, cachée en partie par un bouquet de grands figuiers.

—Voilà le marabout de *Sidi-Mohammed-ben-Abder-Rahman* \*, nous dit-il. J'ai presque envie que nous y fassions une petite station. Mon ami Sidi-Mohammed nous recevra bien, j'en suis sûr; et vous verrez les deux tombeaux des deux derniers marabouts du Hamma, qui sont en grande vénération chez tous nos indigènes du Sahel.

Nous acceptâmes la proposition avec empressement, et nous mîmes pied à terre, laissant notre équipage sur le bord du fossé; et nous commençâmes à gravir un petit sentier tortueux, à travers les plantes grasses, les mauves sauvages et les broussailles.

Je crois avoir déjà dit que l'on donne également le nom de marabout à la chapelle comme au saint homme qui en est le desservant. Or, tout marabout qui meurt dans l'exercice de ses fonctions, surtout s'il est

---

\* Sidi Mohammed — *fils de* — Abder-Rahman.

Hadji, c'est-à-dire, s'il a fait le pèlerinage de la Mecque, est reconnu saint, enterré dans le marabout même dont il était le chapelain, et son fils lui succède jusqu'à ce que, saint à son tour, il trouve un tombeau à côté de celui de son père.

Le trajet n'était pas long, et le chemin d'ailleurs nous était tracé par une procession de femmes mauresques, jeunes ou vieilles, tenant de petits enfants par la main, qui se rendaient à la même destination que nous.

En arrivant au marabout, qui est précédé d'une petite cour carrée, à laquelle on parvient en traversant un corridor de quelques mètres, nous fûmes surpris de la quantité de jeunes garçons, blancs ou bistrés, qui jouaient et gambadaient à l'entrée de la sainte demeure. J'en tirai la conséquence que le révérend patron du lieu tenait école de marmots ou que c'était le jour du catéchisme.

Nous tombions mal.

Sidi-Mohammed était absent; mais son jeune neveu, le marabout futur de l'endroit, vint nous recevoir et nous fit les honneurs du temple dont, héritier légitime, il n'est pour le présent que le sacristain.

Je ne me rappelle pas avoir jamais vu un enfant plus beau, et plus remarquable par sa vivacité, l'animation de ses gestes, de son regard et de sa parole. Quoiqu'il ne s'exprimât qu'en arabe et avec vélocité, je devinais que ce curieux enfant devait être plus intelligent et mieux instruit qu'aucun de ceux qui tourbillonnaient autour de lui, et dont il paraissait déjà être le chef respecté. Il me sembla avoir de dix à onze ans tout au plus.

A l'approche de notre caravane, le petit

bonhomme, qui se tenait à la porte, prit une figure grave et sévère, qui donnait à entendre que notre visite profane ne lui était pas infiniment agréable. Mais reconnaissant le comte Guyot, notre introducteur, son visage s'épanouit tout à coup; il courut à sa rencontre, lui serra joyeusement la main et lui débita avec volubilité un petit discours de réception, qui ne pouvait être qu'un compliment.

Puis il nous engagea tous gracieusement à entrer dans le sanctuaire.

Notre directeur, qui avait encore la bonté de nous servir d'interprête, et qui parle arabe comme un Kaïd, nous expliqua que le petit marabout était fort désobligé pour nous de l'absence de son saint oncle, mais que nous étions les bienvenus par lui, chétif desservant en herbe du prophète.

Notre gentil Eliacin n'eut qu'un mot à

dire, qu'un geste à faire, et la tourbe des marmousets qui nous regardaient curieusement se dispersa.

Une vingtaine de femmes, qui encombraient la cour, et qui faisaient, je crois, des ablutions à la fontaine, se couvrirent et se sauvèrent à notre approche.

Nous entrâmes enfin dans le marabout, qui n'est véritablement qu'une petite chapelle sépulchrale, voûtée, passablement obscure, éclairée seulement par un petit jour de souffrance et par la porte d'entrée.

Un marabout n'est, à vrai dire, qu'un diminutif d'une mosquée. Sa seule décoration consiste en quelques inscriptions sacrées, incrustées le long des murailles; mais ce qui lui est particulier, c'est la sépulture d'un ou plusieurs saints personnages, précieuses reliques qui lui attirent des dévots et des offrandes.

Le marabout du Hamma possède deux tombeaux qui, placés à droite en entrant, occupent seuls un bon tiers de cette petite rotonde.

Quelque réputation de sainteté et même de miracles opérés qu'aient laissée les deux marabouts défunts, père et fils, confondus sous le nom de *Sidi-Mohammed* et d'*Abder-Rahman*, père et grand'père, par conséquent, du jeune enfant qui nous introduisait dans le sanctuaire ; il faut croire que la générosité des fidèles n'est pas grande, ou que leur pauvreté limite beaucoup leur charité; car les châsses des deux saints sont d'une modestie presque décourageante. La double grille qui les renferme est tout simplement en bois, sans sculptures aucunes, et peintes assez grossièrement en rouge, en vert, en noir, et de quelque peu de jaune, sans doute pour remplacer la dorure absente.

A peine si l'on peut apercevoir les deux catafalques à travers ce treillage, tant est grande la quantité de petits drapeaux, de lambeaux d'étoffes de lin, de laine ou de soie, qui les entourent de tous les côtés. Ces guenilles, dont quelques-unes sont larges comme la main, dont les plus magnifiques sont de la grandeur d'un mouchoir de poche, sont autant d'offrandes ou d'ex-voto déposés sur ces saintes tombes par la vénération publique.

Le jeune pontife nous expliqua avec une ingénuité mêlée d'orgueil que le tombeau voisin de la porte était celui de son père *Sidi-Mohammed*, et que l'autre était celui de son grand'père, le très saint et très vénéré *Abder-Rahman*.

Soit dit, sans qu'on le prenne pour un

hommage rendu au culte de Mahomet, je trouvai quelque chose de pieux et de touchant dans la position de ce jeune enfant, destiné à passer sa vie auprès des sépultures de son père et de son aïeul avec la pensée que sa cendre reposera un jour auprès d'eux.

Notre directeur m'apprit alors que le tombeau du plus ancien marabout était en bien plus grand honneur auprès des dévots; et que son corps se trouvait à la fois déposé et dans le marabout où nous nous trouvions, et dans un autre non moins vénérable, situé au pied du Jurjura, où est encore sa tribu, et dont il était originaire. Il avait ainsi laissé une double renommée de sainteté. Son fils lui avait succédé dignement; mais, mort dans un âge peu avancé, il ne laissait qu'un enfant, celui que nous voyions, trop jeune pour remplir les fonctions du sacerdoce, qui

furent alors confiées à son oncle, l'autre
Sidi-Mohammed, marabout à titre de régence, et aujourd'hui exerçant.

— Du reste, ajouta-t-il, ce petit gaillard
est d'une intelligence merveilleuse. Il explique déjà le coran comme un muphti, et il
ergoterait sur le dogme comme un vieux
derviche.

L'histoire de la double sépulture du saint
homme du hamma, telle que la tradition l'a
conservée dans le pays, m'a semblé trop curieuse pour que je ne lui donne pas aussi
une petite place dans mes souvenirs de
voyage.

# HISTOIRE MIRACULEUSE

### des deux corps du marabout Sidi-Abder-Rahman-Ben-Seïd.

Vous saurez donc, si les récits de quelques bons vieillards arabes ne sont point des fictions, qu'il y a soixante ans environ, les dates sont bien incertaines dans ce pays sans almanach; que bien au delà de la maison carrée par derrière la Reghaya et la Rassauta, au pied même de ce mont gigantesque, qu'on nomme le Jurjura, vivait le marabout Sidi-Abder-Rahman-Ben-Seïd. Seïd n'était qu'un surnom donné à son père, homme courageux, qui avait délivré la contrée des lions qui la ravageaient.

Seïd en Arabe signifie lion.

Ce fils de lion, d'humeur plus pacifique, se fit marabout, se maria et vécut saintement en famille, laissant à l'aga de la plaine et aux autres officiers turcs, le soin de pourchasser les bêtes fauves.

Or, l'un des derniers souverains de l'Algérie, prédécesseur de feu Hussein-Dey, allant visiter les beaux étalons que l'on lui élevait non loin du cap Matifou, profita de l'occasion et du voisinage pour aller faire une petite visite au saint homme. Quoiqu'il vécût en Anachorète, Sidi-Abder-Rahman-Ben-Seïd reçut le sublime monarque de son mieux; l'hospitalité étant d'ailleurs une vertu primitive chez les Arabes. Il mit les petits plats dans les grands, servit des rafraîchissements au prince et à sa suite. On croit même qu'un plat de couscoussou ne fut pas oublié.

Malheureusement pour le pauvre Sidi-Abder-Rahman, sa fille aînée était, à ce que l'on prétend, la plus admirable créature existante à cette époque; si bien que le pacha fut tellement frappé à sa vue, qu'il en devint éperdument amoureux, et qu'il dit tout souverainement au père qu'il voulait sa fille pour favorite, et que sa fortune était faite aussi bien que celle de ses autres enfants, s'il lui envoyait sur-le-champ la belle Lilla-Zéluma à son palais; car son bon plaisir était qu'elle devînt sans retard première dame du harem.

Loin de se réjouir de l'honneur tout particulier que voulait lui faire son gracieux maître, le vénérable marabout demeura stupéfait et se permit quelques observations touchant le sort de sa fille Lilla-Zéluma, pour laquelle il n'ambitionnait pas une si haute destinée. Mais le prince répondit à toutes les sages objections de ce tendre père, en vrai préfet turc, et en lui signifiant que s'il ne lui envoyait pas sa fille richement parée et parfumée au harem le soir même, il ne resterait pas trace de lui, de sa famille et de son marabout le lendemain matin.

Ce sont-là jeux de prince.

— Fuyons, fuyons sur l'heure, avait dit l'infortuné père sitôt après le départ du tyran. Gagnons les montagnes, traversons le désert, s'il le faut; que je sauve du moins ma chère fille de l'opprobre et du déshonneur.

Mais, hélas! toute fuite était impossible. Un piquet de janissaires était resté en observation et gardait avec soin tous les passages.

La famille du saint homme ne put que gémir et se résigner à son malheureux sort. Sidi-Abder-Rahman était décidé à se renfermer dans sa mosquée avec sa femme et ses enfants, et à y attendre le martyre, remettant à Dieu et au prophète le soin de les venger tous. La belle Lilla, se dévouant pour victime, ne consentit pas à ce cruel sacrifice. Elle déclara à son père que sa volonté était de partir le soir même pour le harem, parée et parfumée, comme l'avait commandé le prince.

Puis elle embrassa en pleurant sa mère, ses frères, ses jeunes sœurs, et passa le reste de cette triste journée, prosternée dans le saint lieu, devant la tombe du *lion* son grand-père, qui avait été sanctifié aussi par un concile d'ulémas.

Vers le soir, elle reparut vêtue de ses plus beaux habits, couverte de bijoux, mais horriblement pâle et marchant avec peine. Le regard douleureux qu'elle adressa à son père le fit tressaillir. Il avait compris que la vertueuse fille avait eu recours à une potion mortelle pour se soustraire à l'ignominie. Il la baigna de ses larmes et la conduisit lui-même jusqu'à la porte de sa maison, où il fit chanter l'hymne nuptial devant elle, avant qu'elle en sortît pour toujours.

Il la plaça ensuite sur une espèce de lit de repos, sorte de palanquin recouvert de rideaux de toile fine, dont les dames avaient coutume de se servir en ce temps pour voyager. Il déposa à ses pieds quelques branches de henné en fleurs et étendit ses mains sur elle pour la bénir une dernière fois.

Dès son arrivée à la porte Babazoun, la nouvelle favorite fut reçue par un grand nombre de serviteurs du dey, qui vinrent se joindre à ceux qui l'escortaient pour la conduire au palais.

Là, introduite par les machstas dans l'appartement qui lui était réservé, l'amoureux prince ne tarda pas à s'y rendre mystérieusement. Mais quel fut son saisissement, sa stupeur en apercevant étendu sur le carreau le corps de la belle Lilla-Zéluma, raide et glacé par le froid de la mort !

Il s'assura, ajoute le narrateur arabe, que personne n'avait pu porter une main violente sur cette chaste fille. Il avait défendu, sous peine de la vie, que qui que ce fût osât pénétrer dans ses appartements après son arrivée; si bien que, seul en présence d'un cadavre, appelant vainement à lui, il passa, au lieu de la nuit délicieuse qu'il se promettait, une nuit de terreur et d'angoisses. Ce spectacle épouvantable, cet isolement joint aux reproches de sa propre conscience et aux opinions superstitieuses des maures, le plongèrent dans un état à peu près semblable à celui de la victime étendue à ses pieds.

Reprenant ses sens avec les premiers rayons du jour, il sortit fort agité de son palais et se rendit avec une suite peu nombreuse au marabout du Jurjura.

— Ta fille est morte! dit-il au père de Lilla. Quand, comment est-elle morte? Je veux le savoir.

— J'avais fait vœu, répondit avec une noble fermeté le vieillard, que ma fille fût privée de la vie plutôt que d'être souillée par toi; et à l'heure que je faisais ce vœu, cette courageuse fille prenait elle-même un breuvage mortel pour échapper à tes outrages. Oh! je n'ai plus maintenant qu'une seule faveur à obtenir du prophète qui a si visiblement sauvé mon enfant chéri, c'est qu'il lui plaise de punir son meurtrier véritable en le privant de la vue.

Cet accident arriva en effet au ravisseur de Zéluma cinq ou six ans avant sa mort.

La version populaire veut toutefois que sa cécité ait eu lieu au moment même où le marabout l'a sollicitée du prophète. Toujours est-il qu'il vécut peu de temps après son crime, qu'il mourut aveugle, laissant le pouvoir à Hamet son fils, d'autres disent son neveu.

Le marabout de la plaine du Jurjura, ne voulant pas rester dans un lieu qui lui rappelait tant de douleurs, sollicité d'ailleurs par un grand nombre de dévots musulmans de se rapprocher de la capitale, quitta sa tribu et la plaine pour aller s'établir au Hamma, où il termina sa longue carrière dans le jeûne et les austérités.

La mort de ce saint homme fut un deuil

général pour le district de Hussein-Dey, comme pour tous les cantons voisins. *Mustapha, Kouba* et *Elbiar* vinrent pleurer et gémir devant la dépouille mortelle de cet élu du prophète, si durement éprouvé par lui pendant sa vie. *Tixeraïn* et *Birmandreis* fournirent aussi des offrandes et des pleureurs. Il en vint même de *Birkadem* et de *Kadous*.

Les dévots et les pèlerins y accourant de toutes parts, le modeste marabout du Hamma ne désemplissait pas. C'était une sauve-garde ou une purification que d'avoir touché seulement le linceul de l'homme de Dieu.

Le bruit se répandit bientôt qu'il s'opérait des miracles sur sa tombe ; et les aveugles, et les estropiés, et les fiévreux, et les culs-de-jatte s'y traînaient en foule.

Pendant ce temps les tribus de la plaine du Jurjura, où Abder-Rahman-Ben-Seïd avait pris naissance, jalouses de posséder au au moins ses reliques, ayant été privées de ce pieux marabout pendant les derniers temps de sa vie, réclamèrent son corps, prétendant qu'il devait appartenir à son sol natal. Et comme les muphtis et les cadis ne se pressaient pas de répondre à leurs justes réclamations, ces braves gens se rendirent de nuit au Hamma, enlevèrent le corps précieux qui y était inhumé et l'emportèrent pour l'ensevelir sur leur territoire.

La rumeur fut grande au Hamma, qui cria à la violation et au sacrilège ; puis comme ceux de la plaine ne s'inquiétaient que peu de leur émoi, il se levèrent en masse et coururent les armes à la main reconquérir leur trésor.

Un combat sanglant s'ensuivit.

Mais la victoire resta aux faubouriens d'Hussein-Dey. Le précieux cadavre fut rap porté triomphalement à sa sépulture première.

Les tribus exaspérées s'adjoignirent des renforts de Bédouins et de Kabyles, et vinrent livrer bataille aux détenteurs de leur corps saint jusque sous les murs d'Alger; et vainqueurs à leur tour, ils enlevèrent de nouveau le tombeau sacré; et les restes vénérés d'Abder-Rahman changèrent encore de place.

L'indignation se tourna en fureur: et le fanatisme s'en mêlant, il allait s'en suivre une guerre véritable, guerre d'autant plus désastreuse que, selon l'expression d'un poète, la source en était sacrée. On allait revoir les sanglants débats des deux roses d'Angleterre, les massacres d'Albi et de Rhodez, les atrocités commises dans le Brabant au nom du Christ, les assassinats des Cévennes; une guerre sainte allait surgir dans l'Algérie; et Turcs

contre Turcs, Maures contre Maures, frères
contre frères, allaient s'entretuer, sans que
l'autorité civile ou militaire de la Sublime
Porte pût mettre un frein à l'acharnement
des partis. Quand tout à coup, ô surprise !
ô miracle le plus miraculeux qui se soit vu
parmi les Osmanlis, depuis l'ascension du
tombeau de Mahomet à la voûte de son
temple! les bons habitants du Hamma,
alors qu'ils s'apprêtent à marcher une dernière fois contre leurs ennemis, qu'ils disposent leurs mousquets, qu'il aiguisent leurs
yatagans, retrouvent un beau matin, à leur
grand étonnement, le corps de leur cher marabout revenu de lui-même parmi eux et
paisiblement étendu dans sa couche de
pierre.

De leur côté ceux de la plaine n'ont pas
vu leur sainte relique bouger de place. Elle
est toujours là cette dépouille précieuse

qu'ils ont payée de leur sang. Ils la possèdent encore; elle ne leur a point été enlevée.

C'est le saint lui-même qui a opéré ce prodige pour arrêter le carnage et mettre d'accord ses dévots.

Au lieu de se diviser, qu'ils se réunissent! qu'ils révèrent le glorieux martyr dans deux temples. Par grâce toute spéciale, son même corps se trouve déposé dans deux tombeaux à la fois.

Ainsi soit-il!

# IV

### Dely-Ibrahim.

C'était quelque chose que d'avoir arboré le drapeau français sur le minaret de la Casbah, d'avoir battu les Turcs à Staoueli, et détruit à jamais la piraterie et l'esclavage sur les bords africains. Il fallait tirer parti de cette belle conquête. Et quel autre parti pouvait on en tirer, si ce n'était d'en faire une colonie française.

Mais d'énormes difficultés, des obstacles sans nombre se présentaient d'abord.

On s'était emparé successivement, et dans l'espace d'une seule année, des vastes terrains couverts de plaines et de montagnes qui se trouvent entre Alger, Medeah et Oran. L'expédition de Bone venait encore, au commencement de 1832, agrandir le cercle de nos possessions.

Déjà on avait conçu le projet, outre les lieux de défense établis militairement, de fonder, sur les hauteurs avoisinant Alger, des villages fortifiés, non-seulement pour y placer des garnisons, mais pour y importer des colons, marchands, industriels, cultivateurs surtout.

Nous le répétons, les empêchements se multipliaient à mesure que le gouvernement tentait de mettre à exécution son projet de colonisation.

Nous étions loin de posséder paisiblement les terrains conquis. Le sol occupé aujourd'hui par nos troupes était surpris et attaqué demain. Il fallait de nouveaux combats pour s'en ressaisir. La guerre se portait sur plusieurs points à la fois. On se voyait obligé de porter au double l'effectif d'une armée qui ne comptait d'abord que 17,000 hommes. Les partis s'agitaient en France, et allaient jusqu'à menacer le trône. Les ministères changeaient à chaque renouvellement de session. Les chambres, plus occupées de débats parlementaires et d'intérêts de localité, que d'améliorations lointaines et sans but arrêté, ne prenaient pas au sérieux la question d'Afrique. La malveillance, à son tour, égarait les esprits sur cette question si grave, et trouvait des échos dans la presse, pour laisser entendre que, las d'une guerre sans terme et sans résultat positif, le pouvoir était sur le point d'abandonner l'Algérie. Les fonds manquaient. Personne ne se souciait de tenter la fortune dans des conditions si hasardeuses ou si déplorables. Aucun établissement stable ne semblait possible dans de telles circonstances; et cependant, rendons hommage à nos administrateurs civils de cette époque, malgré la guerre, malgré la tiédeur des colons, malgré les diatribes des journaux, en dépit du mauvais vouloir des chambres, ils commencèrent la colonie assurée aujourd'hui, nous pourrions presque dire florissante.

Le village de Dély-Ibrahim fut le premier acte de possession des Français sur la terre africaine. Ce fut aussi le premier que nous visitâmes dans l'intéressante tournée que nous fîmes, ayant encore pour guide notre complaisant directeur.

Nous sortîmes cette fois par la porte Bab-el-Oued, et nous gagnâmes la commune d'El-biar, en montant la magnifique route tracée par le duc de Rovigo, longeant le fort l'Empereur, et serpentant à travers les vallées et les montagnes, au milieu d'habitations nombreuses, entourés partout de riches cultures.

Elbiar n'est point un village proprement dit ; c'est la réunion en commune de maisons, de fabriques, de fermes plus ou moins importantes, mais isolées et assez distantes les unes des autres. Ce qui prouve déjà combien la tranquillité est parfaite sur ce point, situé à environ cinq kilomètres et demi de la capitale.

Continuant toujours à suivre cette belle route si bien coupée, si merveilleusement ferrée, l'approche de Dely-Ibrahim nous fut signalée par un joli abreuvoir et plusieurs petites fontaines d'eau vive. A notre droite, sur une colline en pente douce, une petite forteresse au drapeau tricolore est jetée là comme pour surveiller le plateau et lui servir de sentinelle.

Longtemps ce point de défense ne fut qu'un Blokaus* chargé seul de défendre ce

---

\* Point de journal, point d'extrait de rapports de nos expéditions qui ne parle de blokaus; ce mot est devenu tellement vulgaire que nous avions dédaigné d'en donner la véritable signification. Nous le ferons cependant, ayant cru remarquer que beaucoup de personnes étaient dans l'erreur à cet égard.

Un blokaus est une espèce de grande guérite pouvant contenir jusqu'à 100 et 150 hommes, de forme carrée, composée de planches fort épaisses, entre lesquelles se trouve une longue ouverture, au travers de laquelle un canon de fusil peut manœuvrer facilement. Quatre pilastres en bois ou en briques supportent cet édifice, dont la porte d'entrée n'a rien d'apparent, et dans lequel on ne pénètre qu'à l'aide d'une échelle que l'on tire à soi après être monté. Ces forts improvisés sont la ressource des détachements en marche et qui peuvent redouter quelque surprise. Ils sont devenus la terreur des Arabes, qui n'ont jamais su en enlever un seul, soit en y mettant le feu, soit passage important, et de protéger les travailleurs qui creusaient la route, harcelés par les Bédouins.

Rien n'est joli, rien n'est pittoresque, rien n'est français comme le village de Dély-Ibrahim. Ses rues sont larges, droites, plantées d'arbres; la plupart des maisons sont en pierres, bâties à la française, couvertes en briques ou en ardoises; plusieurs même ont des trottoirs.

On éprouve un étonnement mêlé de joie en retrouvant ainsi tout à coup, au sortir d'une ville mauresque, à travers cette terre toute africaine, au milieu des cactus, des aloës et des palmiers nains, un beau village

---

en affamant leur faible garnison. Mais le génie de ces guerriers, plus téméraires que tacticiens ne va pas jusque-là. Ils s'approchent de nos blokaus jusqu'à la portée des balles. Ils n'imaginent pas d'y mettre le feu. Ils se réunissent et s'efforcent stupidement de le renverser avec les mains ou les épaules.

tout neuf, avec ses boutiques ouvertes et parées, sa coquetterie villageoise, ses enseignes facétieuses, et une propreté que l'on ne remarque pas d'habitude dans les hameaux du continent.

Au centre de ce bourg si gracieux est un tertre élevé d'où s'échappe une source qui alimente la fontaine et l'abreuvoir. Au point le plus élevé se montre une petite église toute neuve aussi, badigeonnée d'un brun clair, avec sa petite porte cintrée en bois blanc, son petit clocher quadrangulaire, surmonté d'une grande croix en bois noir, édifice modeste, entouré d'une double rangée de mûriers blancs et dans une position vraiment délicieuse.

La porte était entr'ouverte. Nous entrâmes dans le saint lieu dont l'intérieur est plus modeste encore que le dehors, mais aussi propre, aussi net dans sa simplicité.

Plusieurs douzaines de bancs symétriquement rangés devant le chœur y remplacent les chaises.

Le curé disait sa messe, sans avoir beaucoup d'auditeurs.

Je fus émerveillé pour mon compte de ce petit événement, qui avait quelque chose de touchant, en faisant réflexion, que là ou une église chrétienne était bâtie, où un humble desservant catholique officiait, se trouvaient naguère encore les misérables huttes d'une horde de sauvages Kabyles et le repaire d'un tyran frénétique, Dely-Ibrahim (Ibrahim-le-fou), dont le nom, quoique d'exécrable mémoire, est resté au village naissant, comme point topographique.

Si l'on en croit la tradition, cet Ibrahim-le-Fou était un méchant Turc qui avait son habitation dans cette localité, fort mal cultivée d'ailleurs. Il était tracassier, mauvais voisin et batailleur. On prétend qu'il prenait plaisir à mettre sous ses pieds un esclave ou un chrétien prisonnier, en guise de carreau, lui faisant tomber dans les yeux la cendre brûlante de sa pipe, jusqu'à ce qu'il l'eut aveuglé.

Ce fut quand l'église commença à s'élever que les colons de Dely-Ibrahim se décidèrent à bâtir.

Ce petit établissement à environ trois lieues d'Alger (10 kilomètres, 500 mètres) est le premier relai de poste de la grande route de Blidah. Il compte déjà quatre-vingt et quelques maisons en pierre, de 450 à 460 habitants. La petite milice armée pour défendre son territoire se monte à 120 hommes. Elle a sa mairie, sa cure, son école primaire et de plus un lieutenant de gendarmerie, vu son importance. Mais pas un arabe n'a osé se montrer dans ces parages, depuis que l'église est bâtie et que les deux principales rues du bourg sont percées. Ils ne craignent rien tant que de nous voir bâtir. Et si l'aspect de la croix sur nos clochers ne les intimide pas, il est constant que ce symbole chrétien les fait fuir.

Au-delà des barraques en bois, entourées de petits jardins, qui ne sont encore que des rues projetées, passé le fossé d'enceinte, nous aperçûmes le tout petit cimitière. Quelques modestes mausolées nous dirent que la mort avait déjà trouvé des victimes dans ce chétif hameau si jeune encore, puisqu'il n'a pas dix années d'existence.

Mais du plateau sur lequel nous nous trouvions, nous fûmes distraits de cette lueur de triste pensée par la vue immense et magnifique qui se déployait devant nous.

Toute la chaîne de l'Atlas bornait l'horizon, comme si elle eût formé un cercle.

A notre droite nous avions toute la plaine de Sidi-Feruch, s'étendant à une distance d'environ cinq lieues jusqu'à la pointe du même nom, s'avançant dans la mer, lieu célèbre aujourd'hui par le débarquement de l'armée française. A peu de distance sur la côte, on distingue comme un petit point blanc le marabout de Sidi-Feruch, que nous appelons Torré-Chica, témoin de notre première victoire, et que nous nous sommes bien gardés de détruire.

Puis la mer resplendissante au soleil, bordée par une découpure de petit golfes, s'éloignant à perte de vue, et bornée par les hauteurs de Coléah et de Fouka. Sur un plan plus rapproché est une petite éminence d'une couleur noirâtre, c'est le tombeau de la Chrétienne ou de la reine, que les arabes appellent *Kuber Erroumia*, obélisque de pierre à la base gigantesque, cimentée par les siècles, et que l'on croit être la sépulture d'une fille de Julien-l'Apostat, morte dans la foi du Christ.

Plus loin s'élève majestueux et sombre le mont Chenouan, au pied duquel est le petit port de Cherchell.

A gauche le village de Oul-ed-Fayet.

Plus à gauche encore et dans un éloignement, qui le fait paraître comme un petit nuage blanc, au milieu de ces montagnes grisâtres, celui de Saint-Ferdinand, en pleine construction, et dont les travaux s'exécutent à l'aide de soldats pénitenciers sous la surveillance du colonel Marengo.

Selon les plans du fondateur, ce nouveau village, dont le nom rappelle celui d'un prince regretté, serait composé de quatre-vingt-six maisons, bâties sur le même modèle. Chacune de ces maisons, assez spacieuse pour contenir une famille, porterait le nom de chacun de nos départements, y compris la Corse, et l'on compterait pour le meubler d'habitants sur un pareil nombre de familles indigentes, quoique laborieuses, que chacun des départements doterait dans sa munificence.

Les condamnés et leur infatigable chef travaillent activement; le village s'achèvera bientôt : mais je ne sais pas si les conseils généraux de préfecture mettront le même amour et le même zèle pour y envoyer des colons.

## V

**Drariah, l'Achour, les Chéragas.**

De 1832 à 1842, dix années s'étaient écoulées, fécondes sans doute pour la conquête, par les victoires successives de nos armées, mais stériles pour la colonisation, cette autre conquête plus douce, plus stable, plus difficile aussi et non moins coûteuse.

Il était reservé au comte Eugène Guyot

d'obtenir enfin ce triomphe pacifique, alors que l'infatigable général Bugeaud poussait la domination française, jusqu'à l'extrême ligne du Maroc.

Le directeur de l'intérieur, joignant à ses travaux de cabinet l'étude des localités sur les lieux mêmes, parcourut, pour ainsi dire, tout le district d'Alger pied à pied, mesurant le sol dans ses accidents, dans ses marais, dans ses broussailles, sondant le terrain pour y découvrir une source, attaqué souvent dans ses explorations par la balle du Kabyle, n'en continuant pas moins sa tâche laborieuse avec un courage que le danger même ne pouvait lasser.

De ces courses réitérées, de ces études longtemps méditées, sortit enfin un plan régulier; et à la date du 12 mars 1842 un rapport projet était soumis au maréchal ministre, étalant sous ses yeux et jusque dans le plus petit détail, un vaste plan de colonisation pour toute la province d'Alger ; comprenant les territoires du Sahel, de Coléah et de Blidah. A la date du 16 avril de la même année, le président du conseil approuvait ce projet, dont les résultats pour l'avenir étaient la tranquillité, le bien-être de toute la colonie.

Et quelques mois après cette décision, un nouveau village, Drariah dans la circonscription de Kadous s'élevait rival de Dely-Ibrahim sur le terrain abandonné par la tribu du même nom, passée à l'ennemi en 1859.

Sept chefs de l'église de France, cinq évêques et deux archevêques, vinrent en personne poser la première pierre de la modeste chapelle de ce bourg naissant. L'archevêque de Bourges, celui de Bordeaux, les évêques de Marseille, Châlons, Alby et Nancy assistaient l'évêque d'Alger dans ce pieux pèlerinage au Sahel.

L'église de Drariah fut placée sous l'invocation de saint Eugène, hommage temporel ou spirituel à son fondateur véritable. Et ce fut un grand jour, une fête vraiment curieuse et solennelle que cette cérémonie improvisée comme le village lui-même. Des princes de l'église officiant en plein vent, n'ayant pour toute pompe militaire que trente miliciens, colons futurs de la colonie nouvelle, et prenant place ensuite à un banquet de cinquante couverts également improvisé, et auquel était venu prendre place tout ce qu'Alger contenait de notables personnages.

Et déjà soixante maisons s'élèvent autour de cette église qui s'achève.

Des plantations de mûriers, un lavoir public, une fontaine, une caserne de gendarmerie, des portes d'entrées flanquées de petits blokaus, deux ponts de bois jetés sur un ravin profond, embellissent ou défendent ce joli village, destiné à servir de halte sur la nouvelle route de Blidah par la plaine.

Un chemin tracé au milieu d'une végétation parasite, semé de rocailles, exécuté en partie par les colons eux-mêmes, nous conduisit à l'Achour, village second en date, depuis l'arrêté ministériel, situé dans un vallon assez fertile et où jadis avait été établie une ferme.

En vue de Dely-Ibrahim, à une lieue à peine de Drariah, dont il est le suffragant, l'Achour qui ne fait que sortir de terre est déjà l'asile d'une cinquantaine de familles, auxquelles on a concédé de 5 à 600 hectares de terrain à défricher. Les barraques de bois y sont encore en plus grand nombre que les édifices en pierre ou en béton. Le petit poste de gendarmerie qui en fait toute la garnison et qui n'a qu'un brigadier pour commandant est caserné, faute de mieux, dans une espèce de moulin. Mais déjà le sol se cultive et se couvre aussi de mûriers, qui longeant les fossés promettent plus tard une jolie promenade, donnant en outre quelques produits.

Comme nous visitions avec notre cher directeur une longue bande de terre, coupant le village projeté par le milieu, et destinée à s'appeler plus tard la grande rue; un vieux Turc, à calotte garance entourée d'un turban blanc, à la barbe grisonnante, s'approcha humblement du directeur, lui présentant une humble requête dans le plus beau langage qu'il put trouver. Comme le meunier de Sans-Souci, il venait supplier l'officier du roi de ne pas abattre sa chétive cabane. t cette fois, ô prodige! ô phénomène, qui ne se voit qu'en Afrique ! le brigadier qui nous accompagnait, bon gendarme s'il en fut, prenait parti pour le pétitionnaire que l'on avait signalé au directeur comme un délinquant.

Bien qu'il soit obligé souvent de se montrer sévère envers les indigènes, qui paient assez ordinairement par la perfidie les faveurs qu'on leur accorde, le comte Guyot écouta avec bienveillance le discours du Turc, qui n'était pas fort intelligible, prononcé dans un patois ou charabia arabe qui n'avait rien de littéraire.

Je causai pendant ce temps avec l'honnête gendarme ; et il m'apprit en peu de mots que Messieurs du cadastre, en traçant l'alignement définitif de la grande rue, avaient ordonné la disparition de la maison du Turc, qui était en grand émoi depuis cet arrêt cruel, attendu qu'il perdait à la fois et son domicile politique et un établisement public qu'il avait fondé lui-même.

Je regardai partout autour de moi, et ne voyant pas ombre de bâtisse quelconque, je demandai ingénûment où était l'édifice menacé.

— Le voilà, répondit le brigadier.

Et il me montra une cavité assez profonde, recouverte de branchages secs, en forme de toît, sans porte et sans fenêtre, comme le château de *Thunder-ten-Tronckh*, n'ayant pour toute clôture que quelques mauvaises planches disjointes.

C'était à la fois l'habitation et la maison de commerce du pauvre homme, qui tenait café dans ce terrier.

En effet nous y vîmes trois ou quatre Bédouins ou Kabyles accroupis ou fumant.

Notre brave directeur resta comme nous en extase devant ce monument que le cadastre honorait de sa colère. Il voulut lui, l'honorer de sa présence. Il entra dans ce bouge; nous le suivîmes. Il s'était déjà assis sur un mauvais banc de bois. Le prudent brigadier lui fit remarquer que cette condescendance était peut-être un acte téméraire, inquiétant pour un ami de la propreté.

Ce fut pour nous tous le signal de la retraite.

Le proprietaire encouragé par les premières paroles consolantes qu'il avait reçues, n'en continua pas moins sa harangue, disant qu'il se nommait Achem, faisant valoir comme un titre qu'il avait jadis servi le général *Bonabarde* en Egypte comme rameur, et qu'il serait affreux au gouvernement français d'abuser de sa puissance envers lui, et de le ruiner en l'expropriant. Car son immeuble lui avait coûté douze douros, (soixante francs) ce qui portait son loyer à rois francs par année. Il y faisait des recetes journalières de 15 et 20 centimes, sans faire tort à personne, et qui suffisaient à son existence sans luxe.

Le commandant de la place, ce même parait brigadier appuya de tout son pouvoir la requête de l'ex-rameur égyptien, attestant que c'était un brave homme de Turc, auquel on n'avait rien à reprocher; et que si quelques mauvaises langues l'avaient desservi auprès de l'autorité, c'étaient des cancans et pure calomnie venues de gens mal intentionnés et jaloux de la prospérité de ce premier colon inamovible de l'Achour. Si bien que notre bon directeur calma toutes les inquiétudes du débitant de café, en lui promettant que si l'on était obligé, pour cause d'utilité publique, de détruire sa maison de douze douros, l'autorité française elle-même lui en bâtirait une autre sur un terrain dont on lui ferait cadeau, dût-elle en coûter quinze.

Le Turc ivre de joie nous laissa partir en comblant d'actions de grâce le grand-chef venu si à propos pour calmer ses alarmes.

Ce flatteur d'Européen d'Arnaud, qui a toujours une citation toute prête, nous en fit une de feu le chevalier de Florian et qui n'avait rien que de fort obligeant pour celui qui pouvait y voir une allusion personnelle; il se mit à nous réciter ces quelques vers :

Et quant à ma maison, je ne puis m'en défaire,
C'est là que je suis né, c'est là qu'est mort mon père,
 Je prétends y mourir aussi.
Le calife, s'il veut, peut me chasser d'ici,
 Il peut détruire ma chaumière :
 Mais s'il le fait il me verra
Venir chaque matin sur la dernière pierre,
 M'asseoir et pleurer ma misère ;
Je connais Almanon, son cœur en gémira.
Cet insolent discours excita la colère
Du visir, qui voulait punir ce téméraire
Et sur-le-champ raser sa chétive maison.
 Mais le calife lui dit : Non,

J'ordonne qu'à mes frais elle soit réparée ;
    Ma gloire tient à sa durée ;
Je veux que mes neveux, en la considérant,
Y trouvent de mon règne un monument auguste ;
En voyant le palais, ils diront : il fut grand,
En voyant la chaumière, ils diront : il fut juste.
                              (Liv. 1er, fable 8).

La route venant à se croiser en forme de fourche, conduit au village plus jeune encore des Cheragas, au nord de Dely-Ibrahim, ayant conservé le nom et l'emplacement d'une tribu émigrée en 1840, peuplée déjà de soixante-dix familles, auxquelles il a été concédé de sept à huit cents hectares de terres arables et propres à une culture variée. Ce village et celui de Saoula, possédant aussi quarante-cinq familles déjà réunies, forment les premiers établissements coloniaux de la seconde zône de villages traversant la plaine de Staoueli, depuis le Sahel, jusqu'au golfe de Sidi-Feruch.

Les villages projetés dans cette circonscription, sont : Baba-Hassen, et Oul-ed-Fayet déjà commencés, ceux de Sidi-Selman, de Staoueli et de Sidi-Feruch, dont les emplacements seulement sont arrêtés. Ce dernier deviendrait avec le temps un petit hâvre ouvert à une colonie de pêcheurs, qui trouverait le débit de son poisson à Douëra et à Blidah.

C'est ainsi que M. le directeur de l'intérieur a la certitude d'établir vingt-un villages dans le seul massif d'Alger. Et ce premier échelon d'une colonie dont on ne peut prévoir les limites n'excéderait pas pour l'État une dépense de deux millions six cent mille francs ; attendu que les colons eux-mêmes font en quelque sorte les premiers frais d'établissement [*].

[*] Quiconque, Français ou étranger, *Français de préférence*, peut construire de ses deniers une habitation de

1200 fr., reçoit, plus l'emplacement pour sa maison et un petit jardin, pour une valeur de 600 fr. de matériaux ou d'ustensiles à son usage, et 12 hectares 25 arpents environ de terre à défricher.

# VI

**Douëra.**

De toutes les fondations françaises qui s'étendent d'Alger au pied de l'Atlas, à une étendue de douze à quatorze lieues environ, la plus utile, la plus importante est celle de Douëra, petite ville assise sur la route d'Alger à Blidah par le Sahel, et située à peu près à mi-chemin entre ces deux villes.

Ce point central avait d'abord mérité l'attention de l'autorité militaire. Aussi un camp retranché que l'on pensa même à fortifier y fut-il établi.

Plus tard l'autorité civile comprit la nécessité d'agir à son tour sur ce même point, de prouver visiblement aux indigènes de toutes les races épars aux alentours, et dans le Sahel, et dans la plaine, que la domination française ne venait pas sur leur territoire uniquement pour guerroyer et détruire, qu'elle venait surtout pour pacifier et construire.

La ville de Douëra fut à son tour improvisée.

Pendant qu'un mur d'enceinte s'élevait, se rattachant à une immense caserne, que la grande rue se meublait de maisons spacieuses, allant même jusqu'à l'élégance, et que le plan d'une vaste église paroissiale était tracé sur le point culminant de ce plateau élevé, les colons arrivaient de toutes parts et avec empressement dans ce lieu véritablement privilégié. De nombreuses concessions leur étaient faites, des secours en nature et même en argent leur étaient accordés. Près de quinze cents hectares de terrain étaient livrés à environ trois cents familles. Plusieurs sources et une petite rivière étaient là pour favoriser encore l'industrie et surtout la culture. Car disons-le avec regret, c'est le manque d'eau qui est notre plus grand ennemi dans la province d'Alger, le seul qui nous empêche aujourd'hui de coloniser, d'y faire des exploitations sur tous les points. Aussi est-ce là que des canaux et des puits artésiens sont indispensables..

Enfin la petite ville de Douëra si admirablement située, dont la vue s'étend sur le plus riche panorama, et d'où l'on découvre pour la première fois cette fameuse plaine de la Mitidjah\*, si immense, si fertile, a déjà pour nous l'importance d'une petite sous-préfecture.

Elle a le titre de chef lieu de canton. Elle jouit d'un commissariat civil, d'un intendant militaire, d'un service de santé, d'un commis aux subsistances. Elle a un capitaine de gendarmerie et peut entretenir une assez forte garnison.

C'était un charmant spectacle, véritablement curieux et intéressant à notre arrivée à Douëra, de voir l'incroyable mouvement de cette petite cité encore au berceau, et la quantité de voitures particulières, de diligences, de fourgons qui se suivaient, ou se rencontraient à la porte d'entrée et jusque dans le faubourg.

\* Les indigènes prononcent plus habituellement Métidjah.

Nous y déjeunâmes fort bien et à un prix très modéré, servis tout à fait à la française, chez Perey, hôtel des Princes. Nous trouvâmes de l'eau de Seltz et jusqu'à des petits pains viennois dans ce lieu qui n'était naguère qu'un désert aride.

Comme si l'aspect de la campagne devait changer tout à coup avec la limite du district, nous fûmes brusquement surpris d'apercevoir sous nos yeux au sortir de Douëra, une vue toute différente de celle que nous avait offerte la campagne d'Alger.

Ce n'était plus cette réunion multipliée de vallons et de collines boisées, cette route sinueuse, enveloppant ou gravissant des hauteurs incessantes et portée çà et là à travers le roc sur de profonds ravins ou sur des précipices.

La route qui s'ouvrait devant nous toujours belle, ample et bordée de talus plantés d'arbres, s'en allait en ligne droite et en pente douce et à perte de vue, traversant dans une partie de sa largeur l'immense Mitidjah, cette plaine que nous pouvions contempler alors dans toute sa majesté, et qui a, dit-on, cent lieues de longueur sur trente-trois de largeur. Eden nouveau, sol, rival de la terre promise, où les végétaux des deux mondes croissent d'eux-mêmes et sans culture; où dix villes et cent villages pourraient se réunir et se donner la main; projet qui semble fabuleux au premier aperçu et quand on n'y porte les regards que du palais Bourbon; mais qui n'a rien d'exagéré quand on considère l'incroyable fertilité du sol, lorsqu'on calcule qu'il ne faut pour assénir cette gigantesque vallée que le dessèchement de quelques marécages, des travaux d'irrigation, que les eaux sortant de l'Atlas rendent possibles; et l'industrie particulière ne vient-elle pas de donner récemment au gouvernement un témoignage de sa foi dans l'avenir, en lui soumettant un projet de chemin de fer à travers la Mitidjah?

A mesure que nous nous avancions sur le versant de la montagne, nous voyions s'étendre davantage cette vaste plaine, tandis que l'Atlas qui la bordait au loin de sa chaîne géante semblait se rapprocher de nous.

Nous étions à Oul-ed-Mendil, qui n'est qu'un petit poste des ponts et chaussées, à la suite duquel se montraient quelques rares habitations et où il ne serait pas à propos d'établir la moindre station, attendu l'insalubrité malheureusement éprouvée de ce lieu.

Nous avançâmes toujours malgré la chaleur assez pénétrante du soleil, ne rencontrant çà et là sur la route devenue assez monotone que des familles arabes ou kabyles au trois quarts nues, regagnant leurs habitations éparses dans la plaine et qui ne sont guère que des terriers recouverts de chaume et de broussailles.

A l'entrée d'un chemin creux nous vîmes une espèce de vieux Bedouin juché sur un chameau tout noir, et nous fîmes arrêter notre char à bancs, pour examiner de plus près l'homme et la bête, qui étaient assez curieux l'un et l'autre.

Le premier par ses guenilles et sa malpropreté classique;

Le second par son air de patiente bonhomie et sa couleur inusitée.

Mais plus nous les appelions, plus l'homme et la bête s'éloignaient effrayés par nos cris, dont ils ne comprenaient pas le sens. Il fallut que notre directeur les sommât en arabe de suspendre leur marche et de revenir sur leurs pas.

L'homme et l'animal obéirent sans avoir déposé leur crainte.

Un grand garçon à assez belle figure mauresque, suivi de quelques autres petits moutards fort laids, était de la famille.

Nous les abordâmes.

Notre interprète leur fit comprendre que, loin d'avoir l'intention de leur faire du mal, nous voulions les admirer, et contempler surtout leur monture au teint peu ordinaire.

A dessein de rassurer le bonhomme Bedouin tout à fait, je lui demandai par traduction si son chameau n'était pas de la race nègre. Cela le fit rire, et il entra volontiers en conversation avec nous.

Il demeurait avec sa famille dans un des trous du voisinage; son occupation était de faire du bois, qu'il allait vendre le lundi au marché de Bouffarick.

Arnaud et moi nous voulûmes caresser le

chameau, qui nous regardait toujours d'un air effrayé, et qu'on avait fait mettre à genoux en lui frappant sur le jarret, comme c'est la coutume. Mais comme je lui portais la main sur le front pour le flatter, il s'agita, devint tout tremblant, remuant sa lèvre pendante, poussant un petit cri plaintif; et je demeurai convaincu que les chameaux du pays partageaient l'antipathie de leur maître à notre égard, et qu'ils étaient opposés aussi à tout projet de colonie et de civilisation.

Le fagotier de la Mitidjah nous quitta fort joyeux; car chacun lui avait donné une petite gratification pour le payer de sa complaisance.

Nous remontâmes en voiture et roulâmes encore pendant une bonne heure et demie, devisant de choses et d'autres, n'ayant rien de mieux à faire, et pour abréger la longueur de la route, qui continuait à être assez maussade.

Notre directeur nous conta qu'il avait accompagné le duc d'Orléans jusque dans ces parages, où ils étaient venus familièrement tête-à-tête, et presque sans suite, tant ce prince était curieux d'étudier la nouvelle colonie dans ses détails les plus intimes.

Le simple récit que nous fit notre guide des visites du prince royal dans les villes, dans les villages, aux établissements publics, la fête improvisée qu'il donna aux habitants d'Alger, à son retour de Constantine, nous émut jusqu'aux larmes.

Je n'entreprendrai pas de rapporter ici cette narration, faite si simplement et par un témoin oculaire.

Mais que l'on se figure le tableau animé, l'enthousiasme d'une ville encore mal assurée, à la suite d'une conquête, voyant arriver dans son sein une armée triomphante, revenant d'une conquête nouvelle, ayant à sa tête quelques-uns de ces vieux généraux qui avaient eu leur part de gloire sous l'empire, et le premier prince du sang, l'espoir, l'avenir de notre jeune France, qu'une mort affreuse, prématurée devait sitôt enlever à la nation et la priver d'un règne. Que l'on se représente, dis-je, ce jeune duc, si beau, si dignement affable, d'un abord si facile et si entraînant, arrivant jusqu'à la porte Bal-el-Oued, entouré d'officiers et de soldats, disant pour toute harangue aux autorités qui venaient à sa rencontre :

« J'ai voulu revenir de Constantine à Al-
« ger par la route de terre, pour prouver à nos
« ennemis que nous sommes bien les maîtres
« de ce pays. La voie par mer était trop facile,
« et il est trop bien reconnu aujourd'hui

« qu'elle nous est acquise. Oui, messieurs,
« l'Algérie aujourd'hui est bien à nous.

Et il eut quelque peine à se faire jour au milieu de la multitude innombrable qui s'agglomérait sur son passage.

Ferdinand d'Orléans, à la bravoure, à l'aménité, à un tact délicat des hommes et des choses, joignait cette franchise de caractère, cette générosité grande un peu prodigue; et c'est en cela qu'il était bien Bourbon.

Il voulut que son retour de Constantine fut célébré par une fête, et un repas improvisé eut lieu sur l'esplanade Bal-el-Oued. Les tables, les siéges, la vaisselle, les couverts, les vivres et les cuisiniers semblèrent véritablement tomber du ciel; car cinq mille personnes, dont l'armée, bien entendu, formait la majorité, prirent place à ce banquet, où l'abondance régna, où les vins de France coulèrent à flots, sans qu'il dégénérât en orgie. La population entière sortit des murs et descendit de la banlieue pour assister à ce spectacle, si nouveau pour elle.

C'était une gaîté délirante, une joie folle, parmi ceux qui dînaient comme parmi ceux qui ne dînaient pas; et l'ordre fut si parfait au milieu de ce grand désordre, que l'on ne manqua de rien et que les tables les plus éloignées étaient aussi servies avec profusion. Les toast à la France, à l'armée d'Afrique, au roi, se succédèrent en longs chorus retentissants.

Un vieux soldat, dont la carrière et les blessures avaient commencé à Austerlitz, fut député vers le prince par ses camarades. Il s'approcha de lui, une grande palme à la main, et balbutia quelques paroles en manière de discours ou de compliment. Mais telle fut l'émotion du grognard trop sensible, qu'il ne put que répéter plusieurs fois :

— Mon prince! mon général! mon général! mon prince!...

Et que des larmes coulèrent de ses yeux et éteignirent sa voix.

Le fils de France alors s'empara de la palme qui lui était présentée.

— Donne, mon vieux camarade, dit-il; je te devine, et je te remercie. Tu viens m'offrir ce laurier au nom de l'armée; mais ce n'est pas à moi, ajouta-t-il d'une voix forte.

Puis montant sur la table, foulant aux pieds les plats et les pots, il s'écria :

« Il est à vous, mes amis, à vous seuls,
« à vos officiers, à notre brave maréchal; car
« ce n'est pas moi qui ai pris Constantine,
« c'est vous. A vous seuls la gloire!

Et comme l'émotion commençait à le trahir lui-même, il effeuilla la branche du palmiste et en jeta les débris çà et là autour de lui. On se pressa, on se bouscula pour en avoir quelques parcelles, et la scène qui suivit cet épisode de la fête ne peut se décrire. Les bravos, les cris de joie retentissaient de toutes parts, et dans la plaine, et sur les forts voisins, et sur la hauteur, et sur la rive couverte de barques chargées de nombreux spectateurs. On se pressait les mains, on s'embrassait sans se connaître.

C'était véritablement une image de la fête des fous.

Un pillage vint ensuite.

Car dès le signal de la retraite, alors que le prince s'éloignait entouré de son état-major, on se rua de toutes parts sur les tables; tout fut bouleversé, dévoré, emporté. Chacun des convives avait gardé comme souvenir le couvert qui lui avait servi, qu'il fût d'argent, d'étain ou de métal d'Alger.

Cette simple histoire nous émut tous, nous qui l'écoutions avec un intérêt d'autant plus vif que nous avions parcouru le lieu de la scène et qu'il s'y mêlait la pensée d'un deuil encore récent.

— Quel joli tableau cela ferait, dis-je à nos amis! que de groupes! quelle variété de personnages, de costumes! quelle animation! quelle chaleur! sans parler du local, de la mer et du ciel!

La conversation resta naturellement sur ce sujet.

Nous ne parlâmes plus que du duc d'Orléans.

Chacun retrouvait facilement dans sa mémoire une anecdote, un trait de courage ou de bienfaisance. Puis nous en revînmes à la statue de ce prince, projetée sur la grande place d'Alger.

Notre directeur ne savait rien de positif à cet égard.

On avait parlé dans le principe d'un buste, puis d'une statue en pied, et quatre-vingt mille francs avaient été volontairement donnés, seulement par la colonie et l'armée.

— Ce serait honteux! m'écriai-je avec une sorte d'indignation. Ce serait presque aussi ridicule que votre buste du roi placé si maladroitement dans votre jardin des condamnés sur un piètre tronçon de colonne et le dos tourné à la France. Il faut au duc d'Orléans un monument digne de lui, digne du pays et des grands artistes que nous possédons. Sans parler des David, des Ramey, des Marochetti, nous avons de jeunes talents aussi qui demandent à faire leurs preuves. Savez-vous ce que feraient Dantan ou Feuchères, si l'on confiait à l'un d'eux cette page nationale à écrire? Non seulement ils voudraient une statue équestre de splendides proportions, mais comme la statue de Pierre-le-Grand à St-Pétersbourg ; ils voudraient élever aussi le jeune prince-soldat sur un pic de rochers en pierres réunies de nos villes conquises, afin qu'on l'aperçut de la haute mer et de l'extrémité du golfe; il aurait une main à son épée et un bras étendu vers la France.

Avec tout cela la route s'en allait derrière nous, coupant la plaine et s'y perdant à l'extrémité, comme un long ruban blanc et droit.

Nous apercevions les premières maisons isolées de Bouffarick.

# VII

**Bouffarick.**

La ville naissante de Bouffarick est destinée, comme celle de Douëra, à devenir un chef-lieu de canton. Non-seulement c'est notre premier établissement jeté dans la Mitidjah et le dernier relai avant Blidah; mais nous y trouvons les avantages réunis de deux routes venant y aboutir. Un centre de culture important, et l'emplacement adopté depuis plusieurs siècles d'un marché toujours fréquenté par les Arabes de la plaine ou les Kabyles de la montagne.

Le terrain consacré à ce nouveau chef-lieu de district, loin d'être ménagé, a été dispensé peut-être dans de trop grandes proportions. Les rues s'annoncent comme devant être larges et bien alignées; mais celles qui sont déjà bâties, séparées par des jardins et par de longues clôtures, sont trop distantes les unes des autres, et rendraient la défense difficile en cas d'attaque imprévue.

Les petits villages du Sahel avec leurs chaumières qui se touchent, leurs fossés profonds et leurs blokaus aux quatre coins, sont beaucoup mieux garantis. Ce vide sera rempli sans doute quand la population y sera plus complète, ce qui ne peut tarder, maintenant que les routes sont sûres et que des fossés en forme de canaux ont asséni cette localité vers laquelle on se pressait peu de venir coloniser par la réputation qu'elle avait jadis d'être insalubre.

La fertilité de cette belle campagne, la santé florissante de ceux qui y habitent aujourd'hui, doivent détruire toutes les appréhensions à cet égard.

L'absence d'une église dans ce commissariat civil, quand tant de hameaux en possèdent déjà, est peut-être aussi une des causes de la tiédeur des colons. Comme nous l'avons déjà fait observer, un clocher avec sa croix attire volontiers les Européens, et repousse les indigènes hostiles.

Or il est pitoyable de voir la misérable grange, bâtie et couverte en planches qui sert de chapelle à Bouffarick. La toîture en est brisée en partie. Il pleut sur le chétif maître-autel.

J'ai vu beaucoup de bergeries en Sologne qui étaient plus propres et mieux closes.

Le bon Dieu mérite mieux qu'un aussi pauvre logement, surtout dans ce lieu fréquenté par des masses de Mahométans, lesquels ont déjà été à même de remarquer que chez la plupart des chrétiens le respect pour le culte et la croyance religieuse ne marchent pas en première ligne.

Pour voir Bouffarick dans toute sa splendeur, il faut s'y transporter le lundi matin; c'est ce que nous fîmes en quittant Blidah, car à notre premier passage, nous n'y vîmes rien qu'une petite auberge, qui nous sembla plantée au milieu d'un désert, et où la bière n'est pas merveilleuse. Mais le lundi, ce désert devient comme par enchantement le rendez-vous général d'une immense population: Arabes, Bédouins, Kabyles, Biskris et Nègres, mâles ou femelles, y arrivent de toutes parts, entraînant à leur suite une autre population, plus agréable à la vue peut-être, de chevaux, d'ânes, de chèvres, de moutons et de chameaux. C'est surtout la populeuse tribu des Hadjoutes, qui, depuis qu'elle nous est soumise, fournit le plus fort contingent à ce marché célèbre.

Cette tourbe couvre un vaste espace de la plaine.

Deux tentes seulement s'elèvent au milieu de cette fourmilière d'hommes et de bétail, venus, les uns pour vendre, les autres pour être vendus ; car c'était le grand marché.

Au premier aspect, vous vous croyez reporté tout à coup aux premiers âges du monde, à l'époque d'Abraham, au temps des rois pasteurs. Mêmes mœurs, mêmes costumes, à peu près le même langage. C'est une page de la Bible que vous lisez avec la vignette en regard.

Pénétrez-vous, non sans quelque peine et avec force coudoiement, au milieu de cette confusion produite par l'assemblage sans ordre de deux mille individus au moins? vous serez étonné qu'une espèce de régularité s'y soit établie sans police et sans gendarmes. Des rues se sont formées comme d'elles-mêmes, sans être positivement tirées au cordeau, rues vivantes et bruyantes; car ce sont les marchands eux-mêmes qui, assis par terre, alignés tant bien que mal, entourés de leur étalage, abrités seulement du soleil par une natte de jonc attachée à une fourche, représentent les maisons et les boutiques.

Si une simple foire de village attire volontiers des curieux et des flâneurs par son animation, ses embarras et sa turbulence, souvent comique; celle qui s'offrait à nos regards était bien autrement attrayante et extraordinaire.

Autant que nous en pûmes juger, tout le monde dans cette assemblée jouait le double rôle de marchand et d'acheteur ; car l'un vendait du riz et des fèves pour se donner un âne ; l'autre débitait des figues, des dattes et des épices pour se procurer une chèvre.

Le principal commerce consistait en denrées diverses, en lait, en légumes. Quelques Juives avaient un modeste assortiment de toiles peintes et de cotonnades.

Plusieurs cabarets, composés modestement d'une cabine de paille, étaient ouverts aux allants et venants les plus altérés. Mais la seule boisson qui leur était offerte était un lait crémeux fort épais, contenu dans d'énormes vessies, qui se mesurait dans une écuelle de bois, et qui passait ainsi de bouches en bouches.

Nous ne fûmes point tentés de goûter à ce régal, encore moins de faire l'achat d'un riz jaunâtre et peu appétissant qu'un grave détaillant à burnous déchiqueté livrait à ses pratiques, mesurant sa marchandise dans son soulier.

La foire arabe avait aussi son saltimbanque.

L'histrion forain était un grand Nègre, aux cheveux et à la barbe gris, dont les yeux, à demi fermés, étaient si petits que je crus d'abord qu'il était aveugle. Au bruit d'une musique infernale, composée, selon l'usage, d'un tambour de basque et de castagnettes de fer, il chantait une espèce de complainte, soufflant de temps à autre dans une cornemuse aigre et discordante.

Puis il passait à des récits facétieux qu'il

débitait avec une telle volubilité qu'il devait être bien difficile à ses auditeurs eux-mêmes de le suivre et de saisir les à propos de ses plaisanteries.

Puis la déclamation et la danse, mêlée de contorsions grotesques, vinrent après le chant. Ce dernier exercice parut beaucoup amuser l'assistance et surtout les enfants qui y étaient nombreux et placés aux premières loges.

Nous jetâmes quelques sous à ce pauvre diable, qui nous faisait pitié tant il était haletant et couvert de sueur.

Un autre spectacle aussi nouveau et plus curieux nous attirait vers le milieu de la plaine. Les deux tentes qui avaient d'abord frappé mes regards étaient celle du kaïd et celle du cadi.

Le kaïd de Beni-Khelil, chef des Arabes de ce canton que nous visitâmes le premier, chargé de l'administration du district et de toutes les tribus, nous sembla en cette circonstance remplir plutôt les fonctions de prévôt des marchands que celles de juge. Il réglait la police du marché et le prix des denrées qui devaient y être vendues. Nous assistâmes à une discussion relative à une coupe de foin qui ne nous sembla pas d'un grand intérêt. Nous prîmes congé du magistrat et d'un sous-intendant français qui venait s'entendre avec lui pour une fourniture de fourrage.

La seconde tente, plantée à l'autre extrémité du marché, quoique plus simple et moins élevée que l'autre, méritait plus particulièrement notre attention.

C'est sous ce lambeau de toile exiguë que le cadi noir siégait, faisant tout ensemble l'office de juge-de-paix et de juge correctionnel ; car il ne vient pas seulement à la grande assemblée du lundi que des acheteurs ou des marchands, il vient aussi des plaideurs.

Or, le cadi noir assiste au marché dans le double but d'y maintenir l'ordre et d'y rendre la justice.

Celui qui présidait à Bouffarick était un beau Nègre de quarante à quarante-cinq ans, de cette race de Noirs dont nous avons déjà dit un mot, qui ont les cheveux longs, les lèvres minces, et le nez comme tout le monde. Il était coiffé d'un turban de couleur variée, vêtu avec assez de recherche. Sa veste, à manches longues, était couverte de petits boutons et de broderies. Un large pantalon retombait sur ses bottines de maroquin. A ses pieds était un riche yatagan, à poignée d'ébène, à fourreau d'argent, délicatement ciselé.

Il avait à sa droite son *khodja*, Arabe

blanc, ou greffier assistant, qu'il était appelé à consulter dans les cas difficiles. Un jeune Maure, que l'on me dit être le *chaouch*, et que je pris pour un secrétaire ou un huissier, quoique je ne visse près de lui ni papier, ni écritoire, était assis à l'entrée de la tente.

Sitôt que le cadi noir aperçut notre directeur, il se leva avec empressement et vint à sa rencontre pour lui rendre hommage comme au grand chef, lui prenant la main en témoignage d'affection. Le khodja en fit autant, et le grand chef, après quelques compliments, les pria de se rasseoir; ce qu'ils firent aussitôt.

Presque au même instant, nous entendîmes des cris rauques qui ressemblaient tant soit peu à des rugissements. C'était deux Kabyles qui se disputaient. Ils se tenaient les bras. Ils étaient cramoisis de colère. La fureur semblait briller dans leurs yeux, et chacun faisant envers l'autre l'office de sbire, le traînait devant le juge, économie de maréchaussée fort remarquable par parenthèse.

Sans rien perdre de leur agitation violente, les deux contendants s'agenouillèrent devant le cádi, lui débitant tous les deux à la fois et avec une volubilité incroyable le motif de leurs griefs.

Certes, ces furibonds se seraient exprimés dans le français le plus limpide, qu'il m'eût été impossible de comprendre un mot de la discussion. Et telle était pourtant la grande habitude du cadi noir de ces sortes de plaidoyers, qu'il avait parfaitement compris la question. Il fit une ou deux demandes à chacune des parties qui répondirent aussitôt et simultanément en poussant des cris affreux.

Le khodja leur adressa aussi quelques paroles auxquelles ils répliquèrent de même, et l'appel de cette cause ne se prolongea pas plus longtemps. Le cadi noir prononça gravement *Bahalech*, (va-t-en), en s'adressant à l'un des deux adversaires.

Et tout fut dit.

Ce seul mot *bahalech* contenait le résumé des débats et tous les *considérants* désirables. Il n'y avait eu ni papier timbré, ni écriture, ni frais d'huissiers, ni avocats, ni levée de jugement.

C'était de la justice expéditive et au meilleur marché possible.

Les deux plaideurs se retirèrent sans même prendre la peine de saluer le tribunal. Celui qui avait perdu sa cause et auquel on avait dit *bahalech*, s'en alla assez peu satisfait, mais sans se permettre la moindre réplique. Je l'entendis encore de loin discuter avec son camarade, mais ses cris n'étaient plus que des croassements.

J'étais fort désireux de connaître la cause de ce procès si vite terminé.

Notre directeur m'expliqua, qu'autant qu'il lui avait été permis de s'y reconnaître dans ce déluge de paroles, il avait cru comprendre que la discussion était venue à propos d'un âne vendu à l'autre par l'un des deux Kabyles, lequel vendeur réclamait deux boudjous (quatre francs à peu près) en sus du prix convenu. L'acheteur soutenait *mordicus* qu'il avait fait marché pour une somme de... et que son partner lui demandait ces deux boudjous illégalement. De là le procès dont nous avions vu l'issue si rapide.

Mais, dis-je à mon complaisant explicateur, ce cadi noir, tout intègre que je veux le supposer, n'a-t-il pas jugé un peu au hasard, dans son amour d'aller vite en besogne, et sans avoir entendu de témoins ? Comment a-t-il discerné la véracité de l'un et la mauvaise foi de l'autre ? Il a judicieusement fait remarquer au vendeur de l'âne, reprit mon cicérone, qu'il était assez sujet à caution dans l'espèce, et qu'il ne lui arrivait guère de conclure un marché sans réclamer toujours quelque chose en sus. Son acheteur au contraire n'avait jamais été accusé de ces sortes de chicanes. Parbleu! m'écriai-je, voilà un arrêt en plein vent fort équitable et tout à fait à la manière du bon roi Salomon.

Nous dissertions encore de cette cause, qu'une autre était déjà au rôle et se plaidait devant le tribunal.

Cette fois, les deux disputeurs étaient gens pacifiques et qu'il ne devait pas être bien difficile d'accorder. Tout en parlant ensemble avec assez de vivacité, loin de s'emporter, ils se traitaient avec une douceur extrême.

— Je t'assure, mon ami, que tu as tort, disait l'un.

— Sur ma grande foi, tu n'as pas raison, tendre ami, disait l'autre.

— Sois bien convaincu, mon bon, que tu es dans l'erreur, reprenait le premier.

— Je te proteste que tu te trompes, mon excellent camarade, ajoutait le second.

Il s'agissait d'une somme fort minime dont la perte devait être supportée en commun.

Celui-ci consentait à sa part de déficit, tandis que l'autre n'y voulait entrer pour rien. L'arbitre noir les mit dos à dos et leur dit *bahalech* à tous deux, sans plus de formalités ni de dépens.

Un troisième procès fut appelé et vidé de la même manière.

Ces trois causes avaient été expédiées en

notre présence dans l'espace d'environ dix minutes.

—Par la sambleu! dis-je à l'ami Arnaud, ton métier d'avocat ne ferait pas fortune dans ce pays-ci. Ton bonnet carré a plus de chance devant le parlement d'Aix qu'à côté du cadi noir.

—Mon cher, me répondit-il, tout avocat que je suis, tu me vois stupéfait d'admiration. Je demeure convaincu que ces sauvages-là ne sont pas tous aussi bêtes que nous le supposons. Voilà la meilleure satyre que j'aie jamais vue de nos plaidoyers, de notre chicane, de nos tribunaux de première instance, et de toutes les cours royale du royaume.

— Mais, dis-je à Lafontaine qui me donnait le bras; est-ce qu'il n'arrive pas quelquefois à un plaideur débouté de maudire ses juges, comme dit Figaro, et d'avoir l'idée d'en rappeler en cassation.

— Cela arrive dans certains cas graves, me répondit le commissaire central, et l'affaire alors portée au *midjelès*, tribunal formé par la réunion du muphti et du cadi assistés de plusieurs *adouls*. Mais dans les cas de simple police et de contravention, si celui à qui l'on a dit *bahalech* n'était pas content, et se plaignait un peu trop haut de la sentence, cela rentrerait dans les attributions du *chaouch*, et il recevrait immédiatement une gratification de 25 ou 30 coups de bâton sous la plante des pieds.

— Et si le récalcitrant, ajoutai-je, était bilieux ou sanguin, qu'il s'avisât, dans sa mauvaise humeur, de lancer son soulier à la tête du cadi, comme c'est arrivé il n'y a pas longtemps à un vénérable président de cour d'assises?

— D'abord il est rare que ces plaideurs là portent de souliers, reprit gaiement mon magistrat civil, et je crois que celui qui se permettrait une pareille irrévérence serait chassé de la tribu, ou qu'on lui couperait tout bonnement la tête ; la justice indigène tenant toujours à être expéditive.

Le jeune Maure à figure douce, le *chaouch*, que j'avais pris pour un greffier, était, d'après ce que je venais d'entendre, *huissier frappant*.

J'aurais désiré, par pure curiosité, le voir quelque peu en exercice, mais je n'eus pas cette satisfaction, les administrés du *kaïdhat* de Beni-Khelil étant généralement fort soumis aux arrêts de leurs juges, et nécessitant rarement qu'on leur frotte la plante des pieds.

Comme nous saluions le cadi noir et ses assesseurs, nous vîmes un cheval d'assez belle taille, à quelques pas de la tente, tenu en bride par un petit Biskris. C'était la monture de notre révérend juge, équipée à la façon mauresque et qu'il avait choisie de même couleur que lui, sans doute pour ne pas produire une disparate ridicule.

— Les Africains sont donc mieux partagés que nous, dis-je à notre directeur, comme nous regagnions notre cariole. On leur rend la justice pour rien, et nous ne l'avons pas à ce prix-là en France ; car Dieu sait ce qu'elle nous coûte de notre bourse privée ! sans compter ce que lui donne le budget, depuis monseigneur le garde de sceaux jusqu'au concierge du palais.

— Ce bon cadi noir en a aussi sa part, me répondit-il. Nous lui donnons 1800 francs par an, comme à un juge de paix de grande ville. Il paraît qu'avant la domination française, il lui était alloué une sorte de petite prime sur les ventes faites au marché. Cela ne laissait pas que d'être un casuel assez considérable dans certaines localités. Toujours est-il que telles que les choses sont établies aujourd'hui, ce modeste magistrat ne paraît pas mécontent de son sort et nous est rallié de bonne foi.

— Je ne pense pas que les bastonnades qu'il accorde de temps à autre lui rapportent le tour du bâton, répartis-je en riant, et comme nous montions en voiture.

# VIII

**Blidah.**

Nos petits chevaux arabes, bons coureurs, malgré leur peu d'apparence et qui s'étaient reposés une bonne heure, nous conduisirent rapidement jusqu'au dernier poste qui nous séparait de Blidah et qu'on appelle *Beni-Mered*.

Ce petit endroit plus avancé encore dans

la Mitidjah doit être aussi avec le temps un village de quelque importance.

Jusqu'à présent, c'est plutôt une caserne qu'un bourg; car la colonie militaire qui s'y est établie, alors que ce point était sans cesse attaqué par les Hadjoutes et tous les Kabyles des bords de l'Arakh et de la Chiffa, avait entouré d'une longue muraille les habitations qu'elle y avait jetées. L'argent qui a été dépensé assez inutilement pour ce grand mur blanc qui cache les maisons et qui n'a rien d'agréable à la vue, aurait pu doubler le nombre des maisons de ce petit bourg renfermé, et augmenter d'autant celui des colons.

Nous avons cru voir ce côté de la plaine plus inculte, moins fertile peut-être; on y a jusqu'ici réuni moins d'efforts.

C'est à peu de distance de cette petite place, et sur la droite de la route, que l'on nous montra le fatal ravin, dans lequel le brave sergent Blandan, avec 22 soldats, résista si courageusement à l'attaque de cent cavaliers arabes, leur ferma le passage et tomba, comme Léonidas, non vaincu, mais las de vaincre. Un monument va être élevé à la mémoire de cet intrépide sous-officier. L'armée et la colonie, réunissant leur tribut de regrets et d'admiration, ont voulu prouver que le grade n'était rien devant la reconnaissance nationale.

La souscription destinée au souvenir du généreux Blandan s'est élevée en peu de temps à vingt-un mille francs, dont dix-huit mille environ ont été recueillis dans l'Algérie.

Honneur touchant! hommage pieux de la gratitude publique envers le dévouement et l'amour de la patrie!

Enfin nous touchons au terme de notre pèlerinage; nous sommes au pied de l'Atlas, nous le contemplons dans toute sa magique splendeur, avec ses pics menaçants, ses anfractuosités gigantesques, ses escarpements, ses sinuosités sans fin, ses végétations si variées, si éblouissantes, sa verdure éternelle. A sa base, l'œil se repose agréablement sur les minarets élancés de Blidah, qui lui donnent de loin l'apparence d'une petite ville Turque.

L'entrée à Blidah est un cruel désenchantement :

Ce ne sont que des ruines, que des maisons effondrées, sans porte, sans fenêtres, sans toiture; des murs écroulés, que les herbes ont recouverts et renversés çà et là sur un terrain inégal. Tous ces débris abandonnés composent l'enceinte de l'ancienne ville.

L'œil est bientôt consolé par un commencement de ville nouvelle, où se montrent déjà quelques maisons hautes, solidement bâties et bien alignées.

Là on reconnaît que la France a planté son drapeau et transporté son industrie. Mais elle n'est pas au bout de ses travaux et de ses sacrifices ! Pour rendre à cette cité, reine coquette de la Mitidjah, son éclat perdu, son activité détruite, et lui donner la splendeur dont elle est susceptible dans un avenir plus ou moins rapproché.

Blidah était à l'ancienne province d'Alger ce qu'était Pompéïa à la république romaine; ville à la fois de plaisir, de luxe et de commerce.

Les Maures voluptueux y avaient des maisons, des bosquets d'orangers et quelques fabriques; et comme Pompéïa, elle a péri dans un seul jour. L'une a péri engloutie sous les cendres du Vésuve; l'autre a été renversée par l'effrayant tremblement de terre de 1825.

Les Orthodoxes ne manquèrent pas de dire que toutes deux avaient reçu ainsi la juste punition de leur luxe efféminé et de leurs débauches.

Blidah ne remontait pas aux temps antiques de la domination Romaine; ce n'était point vers cette partie de l'Afrique que César avait poursuivi Juba; ce n'était point de ce côté de l'Atlas que Gracchus avait étendu les empiétements de la loi agraire. Elle ne doit même pas son origine aux Turcs qui, conquérants de la vieille Numidie, ne s'y sont jamais montré fondateurs.

La croyance la plus vulgaire touchant la fondation de cette ville, qui ne semblerait pas remonter de très haut, serait que des Maures Grenadins, après leur expulsion de la Péninsule, retrouvant dans cette délicieuse vallée et la fertilité et la douce température de l'Espagne, s'y fixèrent avec amour, y élevèrent des habitations et des mosquées, donnant même au torrent qui venait rafraîchir et féconder leurs campagnes, le nom du fleuve chéri qu'ils avaient abandonné, le Guadalquivir *.

D'autres prétendent qu'une famille de marabouts, dont les tombeaux sont encore en grande vénération dans ces parages, furent les premiers fondateurs et les premiers colons de Blidah.

Quoiqu'il en soit, elle était devenue, après quelques siècles d'existence, la rivale d'Alger, par son activité, par ses fabriques. Elle la surpassait par son amour passionné pour les plaisirs et les fêtes.

* L'Oued-el-Kebir, qui prend sa source dans l'Atlas, à peu de distance de Blidah, semble en effet rappeler, avec la différence de la prononciation arabe, le nom du fleuve ibérien.

On a même remarqué que ce penchant irrésistible des indigènes de cette localité pour le plaisir, a survécu au double désastre du tremblement de terre et d'une guerre acharnée. Le premier de ces fléaux, en renversant presqu'en entier cette ville si florissante et si joyeuse avait écrasé ou forcé à la désertion la plus grande partie de ses habitants, que l'on évaluait alors de seize à vingt mille.

Mais l'attrait qu'elle traînait après soi était si puissant, que déjà elle commençait à voir sa population s'augmenter et quelques-uns de ses édifices sortir de leurs ruines, quand la guerre vint à son tour lui porter le dernier coup, et détruire ces magnifiques bois d'orangers qui l'entouraient et faisaient sa principale richesse.

C'est un douloureux spectacle que de voir aujourd'hui la forêt devenue plaine, et ces arbres précieux à la fleur virginale, aux fruits d'or, arrachés, mutilés par la hache ou dévorés par l'incendie.

Il faudra bien du temps et une longue paix pour réparer, s'il est possible, tant de désastres.

Nous descendions d'assez bonne heure encore à l'hôtel de la Régence, bâtiment fort curieux par le placage de légère construction française, sur les restes d'un édifice de lourde architecture mauresque. La cour carrée, plantée d'orangers, de figuiers et de vignes se termine aussi en galerie soutenue par des colonnes, et semble, à l'étendue près, bâtie sur le même modèle que les autres maisons de la ville.

N'ayant rien à redouter des bombes, pouvant se donner les jouissances de l'air et l'agrément de la vue, les habitants de Blidah n'avaient pas jugé à propos de se renfermer aussi hermétiquement que ceux d'Alger.

Leurs maisons, commodes et assez spacieuses, se composaient généralement d'un rez-de-chaussée assez haut, coupé en plusieurs salles longues, recouvertes en terrasses avec de petits murs d'appui, ayant la cour au milieu : nouveau point de ressemblance de cette petite cité avec celle de Pompéia.

M. Pecoud, en quelque sorte sous-préfet de cette ville renaissante, sous le titre de commissaire civil, nous reçut avec empressement et nous fit les honneurs de sa localité avec beaucoup de grâce.

Voulant profiter de la fin d'une belle journée, notre directeur nous proposa une promenade pittoresque dans l'Atlas, jusqu'aux sources de l'Oued-el Kebir, qui ne sont guère qu'à une lieue dans le flanc de la montagne.

Comme mon genou rhumatisé n'était pas encore parfaitement en état de service, et que le trajet pouvait paraître long et fatigant à un invalide, on me proposa de monter sur un âne à figure bénigne, que nous trouvâmes fort à propos, conduit par un Arabe, chemin faisant. Mais le malheureux baudet était si décharné, si étique, si pelé que je ne voulus jamais consentir à faire le Sancho Pança sur sa maigre échine, je préférai marcher bravement côte à côte avec mes joyeux compagnons de voyage, toute caillouteuse et difficile qu'était la route.

L'Oued-el-Kebir descend en torrent jusqu'à la porte de la ville qu'on appelle Bab-Rahba. Ce fleuve bizarre, et qui ressemble à ceux qui arrosent l'Italie, n'a qu'un filet d'eau l'été et s'étale l'hiver dans son lit au point de déborder. Il n'en est pas moins la richesse de tout ce canton.

Les Maures avaient déjà habilement profité de son voisinage pour mettre en mouvement des moulins à blé et à foulons, et des tanneries réputées les meilleures pour la préparation du maroquin. A peine si aujourd'hui on retrouve quelques traces de ces usines.

Nous ne vîmes en commençant à gravir la montagne qu'une quinzaine de Kabyles occupés à faire et à cuire de la brique.

Nous marchâmes ainsi pendant près d'une heure, ayant à notre droite le torrent écumeux, roulant à flots brisés sur un long étage incessant de cailloux et de pierres granitiques; à gauche le flanc de la montagne, couvert d'une végétation prodigue et inculte comme une forêt vierge.

Le caroubier, quelques fois de taille gigantesque, au feuillage sombre, couvrait de ses branches irrégulières et indépendantes des bosquets entiers de figuiers et de citronniers sauvages, à travers lesquels allaient se jouer en serpentant des jasmins et des chèvre-feuilles, spectacle d'autant plus séduisant, d'autant plus splendide, que la nature seule en avait fait tous les frais.

Plus loin c'était un rocher massif, recouvert de mousses jaunissantes et qui nous offrait en quelque sorte un divan agreste, au milieu de ce profond désert.

Nous arrivâmes ainsi gravissant toujours le mont, sans que sa pente fut trop sensible, jusqu'à un point élevé à peu près à deux cents mètres au dessus du niveau de la mer. Là, des groupes de rochers entremêlés d'arbrisseaux se suspendent au-dessus du fleuve, qui, plus calme en cet endroit, se divise en plusieurs bras et forme un petit lac, dont l'eau transparente laisse plonger le regard à une grande profondeur. Un bouillon léger sortant d'un massif de roches noires nous indiqua une des premières sources de l'Oued-el-Kébir.

Plus loin, les autres sources s'échappaient plus impétueuses du sein lézardé de la montagne et retombaient en cascades pour venir alimenter le petit lac solitaire que nous admirions. Cette retraite profonde, silencieuse, si magnifiquement sauvage, portait au recueillement et à la méditation. On éprouvait comme le besoin d'y rencontrer la demeure d'un pieux ermite.

L'ermitage n'y manquait pas; car nous aperçumes de loin la petite coupole blanche d'un marabout, niché sur l'autre versant de l'Atlas, et s'échappant des masses de verdure qui l'enveloppaient.

La tradition locale veut que ce petit monument soit le mausolée d'un des fondateurs de Blidah. Les pieux Musulmans qui l'élevèrent jadis ne songeaient guère qu'un jour viendrait, où l'on verrait sur sa muraille blanchie une affiche imprimée, portant pour suscription : *avis au public* et signée *Pecoud*, *commissaire civil*.

La nuit menaçait de nous surprendre dans cette thébaïde. Nous doublâmes le pas au retour pour la devancer, et nous arrivâmes vers huit heures à la porte Bab-Rahba, passablement fatigués et plus affamés encore. Nous fûmes obligés d'y faire une station assez longue, attendu que ladite porte était fermée militairement et de fort bonne heure comme entrée de place de guerre.

Le factionnaire qui était un milicien (car Blidah, comme Alger, comme Douëra, comme tous les villages du massif, n'est gardée que par ses propres habitants), nous fit savoir à travers les meurtrières qu'il ne pouvait nous ouvrir, non pas à cause de la consigne, mais parce que le caporal était allé souper et avait tout bonnement mis la clé dans sa poche. Si bien que les principales autorités de la régence, le directeur de l'intérieur, le commissaire central, le commissaire civil, un chef des travaux du cadastre, un commissaire priseur et deux voyageurs européens étaient en danger de passer la nuit à la belle étoile et le ventre vide, parce que le caporal du poste était allé souper.

Comme le retard se prolongeait, malgré un messager envoyé exprès, nous étions presque décidés à escalader les remparts de la ville, ce qui n'était pas bien difficile, attendu leur modeste élévation, et les trous fréquents qui se trouvent dans ces murailles, simple composé de terre et de pisé, lorsqu'enfin la clé arriva.

Un véritable festin de Balthazar nous avait été préparé par la munificence du commissaire civil, qui voulut être notre hôte en cette rencontre. Nous y fîmes honneur, et le champagne venant couronner la fête, ce joyeux repas finit tout à fait à la française, par des toasts et des chansons.

L'ami Arnaud, qui se mêle aussi de poésie dans l'occasion, quoiqu'il n'en fasse pas son état, avait griffonné, dans son enthousiasme pour la colonie et les colonisateurs, quelques vers impromptu, qu'il débita avec sa façon habituelle, et où notre cher directeur avait sa petite part de louanges bien méritées. Je me plais à les citer ici, et parce qu'ils sont sans prétention, et parce qu'ils viennent à l'appui de ce que j'ai déjà dit sur notre intéressante colonie :

> Sur des chemins bordés de verdure fleurie,
> Sans peur et sans danger on parcourt l'Algérie ;
> Où l'œil, par le travail d'industrieux colons,
> Voit d'instants en instants les plus riches vallons.
> Belles routes d'Alger, routes improvisées,
> Communiquant partout et si bien divisées,
> Où des chars emportés par des chevaux sans mord
> Parcourent des chemins où séjournait la mort.
> Ces merveilleux effets d'une tête pensante,
> Qui révèlent partout sa volonté puissante,

C'est l'œuvre de Guyot, l'habile directeur,
Dont chaque pas atteste un homme créateur,
Qui, d'une terre inculte et vouée au pillage,
D'un seul mot, quand il veut, fait sortir un village;
Qui choisit et leur place et leur éloignement
Pour les trouver armés au moindre mouvement.
Par lui, par son secours, celui qui colonise
A son toît, son fusil, sa femme, son église.
Grâce à sa prévoyance, au pouvoir de ses soins,
Le colon vit tranquille et n'a plus de besoins.
Ces grandes actions sont-elles à l'armée?
La caisse de la France en est-elle écumée?
Chambre des Députés, pourquoi n'es-tu pas là?
On te verrait alors adopter tout cela,
Voter des fonds; la presse étoufferait de rage,
Et le comte Guyot finirait son ouvrage.
Gloire enfin à Bugeaud, le gouverneur géant,
Qui fait par son nom seul trembler le mécréant,
Lui le premier soldat, l'âme de son armée,
Fascine Abd-el-Kader et sa troupe affamée,
Qui broute en rugissant dans les bois; et déjà
Il va fortifier l'immense Mitidja;
A l'univers surpris, Bugeaud bientôt encore,
Montrera sur l'Atlas le drapeau tricolore. *

---

\* Nous prions les lecteurs de se souvenir que ces vers ont été réellement improvisés.

## IX

**Le camp de la Chiffa.**

Quand on se mêle de voyager, il faut avoir la puce à l'oreille ; soit dit ici sans calembourg, et sans offenser notre hôte de l'hôtel de la Régence ; il faut se lever matin, et la raison en est fort simple. En Afrique surtout, où les jours sont plus longs, si vous ne profitez pas de la fraîcheur de la matinée, l'ardeur du soleil non-seulement vous sera insupportable, mais son éblouissante réverbération vous empêchera de jouir des vues magnifiques qui vous sont offertes dans ces riches contrées.

C'est donc pour vous dire que, matinal par habitude, je fus sur pied de bonne heure le lendemain de notre arrivée à Blidah.

Tous nos amis dormaient encore paisiblement, fatigués des courses et des plaisirs de la veille. Je me trouvai, au sortir de ma chambre, sur le toît, ou, pour mieux dire, sur la terrasse de la maison; car les petites cellules que l'hôtelier avait improvisées pour nicher un nombre assez restreint de voyageurs, étaient plantées sur la toiture de l'ancien édifice maure qu'on avait transformé en auberge.

Cette bizarrerie de localité était une bonne fortune pour un amateur de paysages, et j'en profitai pour contempler à loisir celui qui s'offrait si complaisamment à ma vue.

Je tournais le dos à l'Atlas, mais je pouvais l'examiner d'assez près et embrasser d'un seul coup-d'œil le défilé que nous avions parcouru la veille. J'avais en face de moi le vaste plateau de la Mitidjah, terminé par des crêtes de montagnes, qui se découpaient à l'horizon et confondaient leurs teintes avec celles des nuages. Je retrouvais à ma droite cette belle route du Sahel, que nous avions suivie, et sur laquelle je retrouvais comme des petits points blancs espacés, Douëra, Bouffarick et Beni-Mered.

A gauche, je voyais pour la première fois les cimes noirâtres du mont Chenouan et du Masafran; sur un plan un peu plus rapproché, la colline couronnée par le tombeau de la Chrétienne; et en face, dans la coupure des deux montagnes, un petit segment de la

Méditerranée. Ce point, autant qu'il m'était possible de m'orienter, devait se trouver entre Sidi-Feruch et Cherchell.

Le soleil, s'élançant tout à coup au-dessus des pics les plus élevés, vint m'arracher à ma contemplation et couvrir d'un léger brouillard ce panorama si vaste et si varié.

Le projet était ce jour là de pénétrer dans les gorges de l'Atlas jusqu'aux sources de la Chiffa, autre rivière, qui, après des détours sans nombre à travers les monts et les vallées, tombant des hauteurs de Médéah, court en serpentant depuis le col de Téniah jusqu'au camp d'*El-Aleg*, pour se perdre dans le golfe voisin de *Djenan-ben-Sala*. Mais quelque intrépide marcheur que l'on puisse être, il était impossible d'entreprendre ce voyage pédestrement. Il était même indispensable de traverser plusieurs fois la susdite rivière à gué.

Notre directeur avait fait venir à sa suite ses deux bons chevaux arabes, dont l'un, le gentil Carabo, à la robe blanche et soyeuse, au regard fier, à la crinière flottante, était son favori.

Dès la veille, l'obligeant M. Pécoud s'était mis en quête pour nous trouver des montures. Notre caravane devait se composer de mulets. C'était ce que nous pouvions désirer de mieux et de plus sûr pour l'espèce d'ascension que nous voulions entreprendre.

Malheureusement tous ceux du pays avaient été mis en réquisition par le commandant de la place, pour le service de l'armée. Notre commissaire civil ne s'en tint pas là; dans son zèle à nous monter tant bien que mal, il frappa à toutes les écuries de ses administrés, colons ou indigènes, et finit par triompher des obstacles, en nous procurant à chacun un cheval.

Je fus épouvanté tout d'abord quand je vis celui qui m'était destiné.

C'était un coursier arabe d'assez haute taille, équipé à la mode du pays, portant sur ses flancs des étriers de fer larges comme les deux mains, ayant sur le dos une selle prodigieusement haute, dont le compartiment de derrière se renversait comme un fauteuil à la Voltaire, et dont le pommeau s'élevait en pointe sur le devant, en façon d'obélisque.

Peu cavalier et encore plus poltron, je me hasardai pourtant à me hisser sur ce gigantesque animal, songeant que mon ami Pellier, l'habile professeur, rirait bien s'il me voyait en pareille posture.

Le compère Arnaud était monté à la française, sur un cheval fort pacifique à l'apparence; et rien n'était plus comique que de le voir avec sa bonne grosse figure enluminée et réjouie, la tête nue, comme toujours, tenant un parapluie ouvert d'une main, de l'autre sa bride et un petit éventail algérien en forme de girouette. A l'éventail près, il me faisait l'effet du vicaire de Wakefield, et jamais curé de campagne n'eut une attitude plus guerrière.

Nous partîmes ainsi au nombre de dix; car notre ampihtryon de la veille avait voulu nous accompagner. Il était en uniforme de sous-préfet, un grand sabre au côté. Nous avions en outre deux Arabes, un rouge et un blanc.

Notre directeur marchait en tête, caracolant sur Carabo, qui paraissait s'impatienter du train modéré qu'on lui faisait prendre.

Une vieille mule suivait la cavalcade à

distance, portant notre déjeuner et conduite par un Biskris.

Nous traversâmes ainsi, avec un sérieux parfait, la grande place passant devant la caserne, et sortîmes bientôt de la ville, pour nous trouver tout à coup dans une route coupée au milieu d'un bois d'oliviers, qu'on appelle le bois sacré; ayant à notre gauche le lit desséché de l'Oued-el-Kébir, qui en cet endroit n'a d'eau qu'en hiver, attendu que durant l'été, tout ce qu'il peut en fournir à sa chute est employé à l'irrigation des terres environnant Blidah, et à dix-huit fontaines publiques nouvellement créées ou réédifiées.

Au sortir du bois se présente une longue allée faiblement ombragée par des peupliers. Leur feuillage clair ne nous empêchait pas de distinguer la végétation et les cultures qui couvrent les pentes de deux montagnes, le Beni-Sala et le Beni-Massaoud, quelques Kabyles travailleurs, la bêche à la main, levant la tête pour nous regarder, et à mi-côte deux petits marabouts se détachant en blanc sur cet onduleux tapis de verdure.

A droite nous retrouvions la Mitidjah, toujours et sans fin la Mitidjah; tantôt présentant quelques surfaces cultivées et couvertes de céréales; tantôt ne nous montrant que d'immenses terrains en friche ou en jachères.

Puis au-delà les collines du Sahel qui semblaient s'éloigner, tandis que le sombre Chenouan paraissait venir à notre rencontre avec le tombeau de la chrétienne.

A quelques cents pas plus loin, nous apercevions la petite ville de Coléah et le lac paisible de Haloula, qui ressemblait à un réseau d'argent brillant au soleil.

Après un parcours d'environ trois quarts de lieue, nous atteignions enfin cette fameuse rivière l'Oued-Chiffa, si tortue et si capricieuse, qu'il faut la traverser soixante-trois fois et tout en gravissant l'Atlas, pour arriver à Médéah, trajet de onze lieues tout au plus. Et cet obstacle si insurmontable n'a pas arrêté le génie français. Nos hardis ingénieurs ont tracé une route carrossable à travers ces difficultés, tantôt jetant des ponts légers sur le fleuve, tantôt coupant le rocher.

Nous ne poussions pas l'ambition jusqu'à vouloir atteindre le célèbre col de Teniah. Pour ma part j'avais assez de la Chiffa, après l'avoir franchie sept à huit fois sur mon cheval arabe, et arrivé à l'endroit où la route est le plus escarpée, embarrassée de pierres et de racines d'arbres, étroite et flanquée, pour ainsi dire, de précipices, j'avoue que j'avais de l'Atlas par-dessus la tête, quoique je fusse toujours émerveillé de sa splendeur personnelle, et surtout de l'immense forêt de lauriers-roses qui bordait les deux rives de l'Oued-Chiffa.

Nous arrivâmes enfin sur un charmant plateau verdoyant, parsemé de quantité de petites fleurs aromatiques, bordé d'orangers et de citronniers, environné de tous côtés par la montagne au milieu de laquelle il se trouve placé comme au fond d'un entonnoir, et arrosé par un large bras de cette rivière vagabonde, qui semble disparaître en cet endroit pour se remontrer à quelques distances plus rapide et plus tumultueuse.

C'est sur ce plateau si admirablement pittoresque, qu'est établi le camp volant que nous allions visiter, et où nous nous proposions de faire une halte et un déjeûner sur l'herbe.

Je fus surtout de ce dernier avis, enchanté de me reposer, et peu curieux de pousser plus loin l'excursion, et de traverser le fleuve encore une douzaine de fois, pour voir au bout du compte à peu près toujours la même chose.

On fut presque généralement d'accord sur ce point.

Tout le monde mit pied à terre. Notre Biskris pourvoyeur parut bientôt. La mu e était convenablement chargée de provisions.

Notre repas champêtre fut long et joyeux.

Nos Arabes d'escorte ne le trouvèrent pas trop frugal, et toutefois ils en eurent quelques bribes. Mais aucun d'eux ne voulut boire de vin, non plus que le Biskris qui n'osa même pas se permettre de manger de la viande.

Notre infatigable directeur voulut ensuite remonter à cheval et nous conduire aux cascades les plus voisines, qui ne sont pas cependant à moins de cinq ou six kilomètres de distance, et qu'il n'est pas facile d'atteindre, tant le chemin devient difficile.

On devait être bien récompensé de ce petit trajet, par la vue des plus admirables accidents de rochers, par les phénomènes de la végétation et par l'aspect récréatif de plusieurs familles de singes, habitants de ces mornes sauvages, se jouant et gambadant aux plus hautes cimes des arbres.

Les plus intrépides et le brave Arnaud à leur tête suivirent le chef à pied.

Je fus du petit nombre de ceux qui restèrent sur le plateau pour se reposer pendant la plus grande ardeur du soleil, et pour garder les chevaux. L'ami Lafontaine et le géomètre avaient voulu me tenir compagnie; mais accablés par la chaleur, ils ne tardèrent pas à s'endormir, abrités sous un gros bloc de granit recouvert de feuillage.

Je profitai de leur sommeil pour aller inspecter quelques-unes des tentes les plus voisines, et qui étaient presque désertes en ce moment, attendu que les soldats et les prisonniers travailleurs étaient occupés aux travaux de la route.

Celles des officiers me parurent un peu plus ornées, mais moins grandes que celles des soldats.

Je n'osai pénétrer, par discrétion, que dans celle du cantinier. Il nous avait prêté obligeamment un bidon qui nous avait servi de carafe. Quelques remercîments que je lui adressai amenèrent la conversation et me permirent d'examiner à l'intérieur son assez bizarre domicile.

Sa tente adossée à un groupe d'orangers, était en grosse toile bise, rapiécée çà et là, retenue sur le sol par des cordes tendues attachées à des pieux de bois. Un gazon fin lui fournissait un tapis sur lequel toutefois étaient jetées quelques planches. Le plafond, naturellement terminé en pointe, était supporté par une des branches de l'oranger, ce qui faisait que de temps en temps ce clocher mobile s'agitait, selon que le vent tourmentait le rameau qui était son appui.

Un fourneau portatif, cinq ou six grands bidons de fer-blanc, un petit tonneau élevé à quelques pouces de terre à l'aide de cailloux, une douzaine de pains de munition et plusieurs bouteilles flânant sur le sol auprès d'une marmite de fonte: tel était le mobilier du chef d'office de nos braves cantonniers militaires.

Je croyais trouver ce Vatel du camp occupé à tremper la soupe. Point du tout. Il était en train de raccommoder un pantalon de grosse toile grise.

Cela ne me parut point surprenant; et je pensai que ce brave homme, industrieux par besoin, comme tous les troupiers en campagne, était son tailleur lui-même, comme il pouvait être demain son cordonnier et après-demain sa blanchisseuse. Je lui fis part de cette réflexion qui le fit sourire, et il me détrompa en m'apprenant qu'il était réellement tailleur de son état.

— Il y a mieux, ajouta-t-il d'un air jovial, je suis aussi barbier et cuisinier. Je tiens la savonnette d'une main et la poêle de l'autre : je rase et ça cuit.

Et mon farceur éclata de rire, enchanté d'avoir lâché un calembourg à un compatriote dans les gorges de l'Atlas.

Cela me mit tout à fait à mon aise avec lui : et le voyant d'humeur facétieuse, je me mis sans façon à cheval sur une grande selle à mulet, qui me parut être le siége le plus commode de l'appartement, décidé à passer là mon temps à l'abri du soleil et pendant que mes deux amis ronflaient sur l'herbe.

Le barbier-cantinier-tailleur me paraissait d'ailleurs amusant. Je lui trouvais une figure comique, qui avait quelque chose de Maure ou d'Arabe, quoiqu'il eût la veste bleue à grenades rouges de l'artilleur français. Je me hasardai à lui en faire la remarque.

— Parbleu! me répondit-il, cela n'a rien de surprenant. Tel que vous me voyez, je suis encore à moitié Turc, mais Français, et même Parisien d'origine, né rue des Mathurins Saint-Jacques, quartier de la Sorbonne. Je suis pour le moment soldat du train, vaguemestre, cantinier, tailleur et barbier. J'ai été tambour, matelot, jardinier, maçon et conducteur de chameaux. Et si je vous disais que j'ai été pacha pendant vingt-quatre heures !...

— Pacha!

— Parole d'honneur. Et c'est pour cela qu'un jeune officier de l'école Polytechnique, parent du général Duvivier, qui nous a commandés pendant quelque temps, m'a *sobriqué* Figaro-Pacha. Oui, mon cher monsieur, ajouta-t-il, j'ai été pacha, tout ce qu'il y a de plus pacha; je ne vous dirai pas à combien de queues. Mais reconnaissant, en ma qualité de perruquier, que ce pouvait en être une qu'on voulait me faire ; j'ai laissé là le pachalick, les *flic-flactas* et toute la boutique. Parbleu! ajouta-t-il, pour peu que cela vous amuse, mon cher monsieur, je vous conterai mon histoire. Cela vous fera toujours passer une demi-heure.

Je saisis avec empressement la proposition, et doublai son désir de m'être agréable en lui apprenant que j'étais, comme lui, enfant de Paris, et ami de la joie.

# HISTOIRE

## de Topal-Figaro-Pacha.

RACONTÉE PAR LUI-MÊME.

— Vous saurez donc avant tout, dit le barbier cantinier, sans quitter le pantalon qu'il rapiéçait, que mon vertueux père était tailleur au collége du Plessis ; collége célèbre, ma foi, si j'en dois croire tout ce qu'on m'en a raconté, et qui datait de loin, puisqu'il avait été fondé en 1328, par Jeoffroy Duplessis Balisson, secrétaire particulier du roi Philippe-le-Long.

Le fameux tremblement de 91 et de 92 renversa le collége Duplessis-Sorbonne, comme tant d'autres édifices aussi solidement bâtis. Mon père n'en continua pas moins à faire des gilets et des carmagnoles pour la République et le Directoire. On ne tenait pas aux culottes, à ce qu'il paraît.

Moi, je n'étais qu'un mioche pendant ce temps là, mais pas mal fûté pour mon âge. Le papa s'y prit de bonne heure pour me faire apprendre son état, disant, avec grand sens, que la couture ne craint pas les révolutions.

Je faisais les points, les contre-points et les piqués comme un bijou. Mais quand j'eus quinze ou dix-sept ans, j'envoyai l'aiguille à tous les diables. Je n'entendais parler que de combats, que de victoires, d'épaulettes à graines d'épinards qui tombaient comme grêle dans l'armée. J'avais un grand cousin trompette-major dans les housards. Il me monta la tête ; je courus m'engager volontaire.

Je fus reçu tambour à l'unanimité.

On m'envoya dans un régiment de marine qui devait s'embarquer à Rochefort. Après deux ans de service comme tapin, je passai mousse, et dix-huit mois après j'avais l'avantage d'être proclamé matelot à bord du brick Le Vengeur.

Tout loustic que j'étais, je n'avais pas la chance.

Après avoir essuyé pas mal de tempêtes, reçu plus de coups de garcette que de biscuits, vu que je partageais les opinions de notre grand-père Noé et que j'aimais assez le jus du raisin ; après avoir eu les fièvres pendant trente-trois mois sur les côtes d'Espagne, un armateur de Bordeaux me prit à bord du sloop *le Ramier*, qui, outre la contrebande, portait deux savants, amateurs des plantes et des étoiles, et qui voulaient relâcher à Minorque et à Madère, pour s'assurer du méridien.

Ces deux savants, dont l'un était, je crois, le célèbre M. Arago lui-même, m'avaient pris en affection, et je les suivais presque toujours en barque ou en chaloupe; si bien, que nous fûmes pris un beau soir, à deux lieues de Palma, par la brume et par un corsaire d'Oran, qui nous emmena, malgré nos réclamations, dans la petite île de Harch-Goun.

Je m'étais défendu en désespéré, et je n'y avais gagné que d'être battu comme plâtre et enfermé à fond de cale avec trois moutons, sans parler d'une blessure à la cuisse, qui me fera boîter tout bas jusqu'à la consommation des siècles.

On vendit les deux savants huit jours après à un seigneur maure, et je crois qu'on me livra par-dessus le marché. L'illustre astronome se vit réduit à arroser le jardin de son propriétaire. Moi, je tirais de l'eau toute la sainte journée, et l'on me donnait du pain et de l'huile pour tout salaire.

Un généreux Juif, qui aimait passionnément les astres, paya la rançon du savant, qui s'en retourna en France, peu curieux de revenir chercher le méridien. Je priai l'Israélite de me prendre aussi par-dessus le marché, mais il m'envoya promener.

Je le pris si bien au mot, que trois jours après je brûlai la politesse à mon maître, et je me sauvai à travers champs, clopin clopant, espérant trouver quelque caboteur ou pêcheur de corail qui me donnerait asile;

mais je tombai mourant de fatigue et d'inanition dans une tribu arabe de *M'djez-Hamar*, qui étaient assez bons enfants pour des Bédouins.

Comme ils étaient toujours en course et que leur coiffeur ordinaire était mort de la peste, je me mis à leur raser la tête; si bien que je devins leur ami et que j'appris l'état de barbier sans m'en apercevoir.

Une fois au milieu des terres, tout projet de fuite était impossible. Je me résignai à mon sort et restai avec mes nouveaux camarades, dont je commençais à parler passablement la langue.

Une grande querelle survint entre les *M'djez-Hamar* et les *Beni-Tamtam;* et ils allaient en venir aux mains, quand ils furent attaqués eux-mêmes par trois tribus kabyles, les *Flictas,* les *Flicotas,* les *Charabias.* Je ne sais pas au juste.

Les Tamtam ne tardèrent pas à être enfoncés. Moi, pas bête, je passai à l'ennemi simultanément, avec armes et bagages, le complimentant de sa victoire et me déclarant son ami intime; si bien que je m'en allai avec ceux-là par delà le lac Salé et que je les suivis dans toutes leurs courses le long du Chélif jusqu'à *Souk-Arba,* où ils élurent enfin domicile.

Ils me prirent en grande affection, et me baptisèrent Sidi-Topal, Sidi-le-Boîteux, si vous voulez, à cause de ma quille, qui est toujours un peu en retard.

Je restai dix-neuf ans avec eux, et je commençais à m'y faire; d'autant plus qu'ayant eu le malheur de faire la conquête d'une jeune Kabyle de onze ans et demi, j'avais eu l'imprudence de me laisser aller à sa tendresse. Mes excellents amis me donnèrent le choix d'épouser la péronnelle ou d'avoir la tête coupée.

Je tenais plus à ma boussole qu'à la femme : je l'épousai en grande pompe ; ce qui ne m'obligeait pas à la rendre parfaitement heureuse.

C'est à quelque temps de cette union fortunée, qu'ayant été pillés par une troupe de Turcs, les *Flicotas* de Souk-Arba, qui avaient d'autres griefs encore contre leurs oppresseurs, se réunirent avec une douzaine d'autres tribus pour chasser le dey Muléi et se déclarer indépendants.

J'eus l'adresse de les conduire avec prudence dans une embuscade; nous tombâmes à l'improviste sur une petite troupe qui se rendait paisiblement à sa garnison, nous tuâmes dix-sept janissaires et un caporal. L'heureuse idée me vint alors de faire endosser leurs casaques à nos gaillards les plus solides.

En diplomate habile, j'envoyai des espions et des boute-feu de côtés et d'autres, enflant ma victoire comme cela se fait dans les pays civilisés, répandant par la ville que j'avais livré bataille à 2,000 hommes et fait 160 prisonniers, si bien que mes faux Turcs entrèrent à Mascara sans obstacle ; que nos enragés de Kabyles s'y précipitèrent ensuite comme un torrent, y firent un dégât de tous les diables, et qu'on me porta en triomphe le même soir et que l'on me fit pacha ; que l'on me mit un burnous à glands d'or sur les épaules, que l'on me fit une musique infernale toute la nuit, pendant que je me régalais de couscoussou et de plusieurs bouteilles d'eau-de vie prises sur l'ennemi.

Un Mosabite, mon confident, m'apprit dès le lendemain que notre révolte était connue à Alger, et que déjà l'aga de la plaine était en marche avec 1,500 chevaux et de l'artillerie.

Je calculai que mes tendres frères me livreraient à la première réquisition pour sauver leur peau basanée ; et, renonçant aux grandeurs, je partis sans tambour, sans trompette et sans femme, pour me rendre, après quelques jours de marche, parmi ces bons Hadjoutes qui sont moins turbulents et moins révolutionnaires que les *Flicotas* et les *Charabias*.

M'étant amusé à me construire une petite maison fort bien entourée et assez commode, il me prit la fantaisie d'y vivre en bon moine et de m'établir marabout.

Et je cherchais dans ma cervelle quelque bonne action sainte, quelque petit miracle pour me mettre en crédit, lorsque nos bons lurons de France s'en vinrent débarquer à

Sidi-Feruch, et donner la danse à Hussein-Dey et à toute sa clique, avec le drapeau tricolore.

Moi qui n'en avais jamais connu d'autre, je n'en fis ni une ni deux, je volai trois chevaux et une mule au kaïd, et je me rendis dans le camp français en criant vive le roi à tue-tête.

Tout clopinant que j'étais, je rendis de bons services aux troupes de débarquement comme barbier et comme interprête ; et, malgré ma jambe, j'aurais, pu avancer, si ces gredins de Français n'avaient pas amené le vin de France avec eux. C'est ce flibustier de sirop là, dont j'ai été sevré si longtemps et auquel j'ai repris goût qui me nuira toujours.

Que voulez-vous? on est né avec cela. Chacun a son péché mignon ; c'est plus fort que moi.

Le vin et le chnick ne sont pas très chers par ici. Tout en raccommodant des culottes, je m'en repasse une par-ci par-là.

C'est ce qui fait, mon cher monsieur, que l'ancien pacha de Mascara n'aura jamais la croix, et qu'après avoir roulé sa bosse et sa tente comme cantinier, pendant quelque temps, il finira par obtenir le grade de concierge dans quelque hôpital militaire.

Ce pourquoi j'ai déjà adressé deux pétitions au gouverneur.

---

Nos amis revenaient de leur excursion lointaine, harassés, couverts de sueur. Je les vis côtoyant la rivière sur le bord opposé et la passer pour venir à nous dans l'endroit le plus guéable.

Je quittai Sidi-Topal pour aller à leur rencontre, non sans le remercier de nouveau de son intéressante narration. J'osai même donner une poignée de main familière au ci-devant pacha.

Les voyageurs avaient tellement assez de leur course à la cascade, qu'ils ne voulaient même pas faire halte, décidés à retourner sur-le-champ à Blidah, afin de se reposer et de se désaltérer tout à l'aise. Mon vieux Arnaud tout en nage, et plus accablé que les autres, ayant fait cette promenade à pied avec son parapluie et son éventail, était surtout impatient de remonter à cheval du moins pour s'asseoir.

Hélas! le malin génie de cette localité en avait décidé autrement!... Comme je me disposais, encore un peu à contre cœur, à gravir mon Bucéphale, aidé dans cette ascension par l'Arabe rouge, comme j'avais déjà le pied gauche dans l'immense étrier, mon pauvre Arnaud, assisté par l'Arabe blanc, s'approcha de son coursier, qui, impatient de son long repos, égayé peut-être par l'herbe tendre, mêlée de henné et de serpolet, dont il avait fait un copieux déjeûner, se montrait plus éveillé qu'au départ.

Mais, soit caprice soudain de l'animal, soit que le parapluie tendu du gros avocat frottât son naseau et l'effrayât par l'aspect tout nouveau pour lui d'un globe étranger; la bête se débarrassant avec la promptitude de l'éclair de son licou, de son mors et de sa selle, s'enfuit en galopant et en distribuant des ruades à gauche et à droite, laissant son cavalier ébahi, la bouche et les bras ouverts, son inséparable parasol à la main.

Nous vîmes bientôt ce coursier, fougueux pour la première fois, reparaître par derrière les arbres à une certaine hauteur dans la montagne, se posant en indompté comme Pégase.

Quelque fâcheux que fût cet accident, la figure et le désespoir d'Arnaud étaient si comiques que nous ne pouvions nous empêcher d'en rire. L'hilarité fut d'abord générale.

Mais chacun commença à prendre la chose au sérieux, lorsqu'après une bonne heure, le fugitif, quoiqu'il fût traqué de tous côtés, et par nous, et par nos Arabes, et par une dixaine de soldats au moins, se moquait de la barbouillée le plus joliment du monde, venait vingt fois de suite brouter au milieu de nous, et lorsqu'on s'approchait de lui pour le saisir, reprenait sa course vagabonde et son ascension dans l'Atlas.

L'infortuné Marseillais restait sur place comme anéanti.

Il eut un moment d'exaspération qui sentait un peu la nouvelle école; il ne parlait de rien moins que de se suicider. Je commençais à trouver aussi, pour ma part, cette comédie passablement longue.

Notre chef d'escadron voyant mon impatience, m'envoya, comme officier d'ordonnance, le brave Jonvelle, pour m'engager à ne pas attendre plus longtemps et à partir sans tambour ni trompette. Ce que je me décidai à faire.

Mon gentil commissaire-priseur voulut m'accompagner, et nous voilà deux Parisiens, très peu forts en fait d'équitation, sans armes aucune, mais ne doutant de rien comme on fait à Paris, nous hasardant seuls au milieu de ces monts escarpés, de ces déserts effrayants, traversant les détours sans nombre de l'Oued-Chiffa.

Il y avait peut-être quelque témérité à en agir ainsi.

Tout soumis qu'était le pays, il était couvert çà et là de Kabyles et d'Arabes, exerçant, tant sur le versant de la montagne que sur la lisière de la plaine, l'état indépendant de bûcherons ou de charbonniers. Il était fort possible que l'isolement, l'occasion, *quelque diable aussi les tentant,* il leur prît fantaisie de saisir au passage les deux Parisiens en question, dont ils auraient eu fort bon marché, et de venger sur eux les nombreuses défaites de leurs frères, en leur coupant ne fut-ce qu'une oreille ; ce qui eût été une plaisanterie de très mauvais goût. Il n'en fut rien fort heureusement.

Nous traversâmes les bras du fleuve autant de fois qu'ils se présentèrent, ayant la précaution de ne pas laisser boire nos chevaux, qui eussent été piqués aussitôt par les sangsues qui y sont en plus grande abondance que les truites. Nous longeâmes gaîment, et à un trot modéré, les bosquets de lauriers roses, étendant leurs touffes fleuries dans le lit desséché de la rivière, et qui nous conduisirent jusqu'à la route frayée.

Nous n'y rencontrâmes que quatre beaux vautours qui s'enfuirent à notre approche, promenant leur vol pesant au-dessus de nos têtes. Mon compagnon de voyage prétendit que c'était des autruches. Ce qui me prouva qu'il était encore plus Parisien que moi.

Au sortir du dernier fourré, nous nous trouvâmes tout à coup dans une clairière, au milieu d'une quinzaine de Kabyles déguenillés qui faisaient du charbon.

Nous ferons savoir en passant que le charbon ne se fait en ce lieu qu'avec le bois de laurier rose.

Ces peu gracieux indigènes, plus foncés encore que de coutume, eu égard à leur profession, ne nous regardèrent pas de fort bon œil, mais ne nous dirent pas un mot.

Nous arrivâmes enfin sains et saufs à Blidah. Et je me mis à courir la ville, n'ayant rien de mieux à faire, pendant que mes compagnons couraient encore l'Atlas à la recherche du cheval d'Arnaud.

Les curiosités de cette pauvre bourgade en ruines sont peu nombreuses. Le seul monument un peu remarquable, est la mosquée *Djéma-el-Kébir*, affectée aujourd'hui au culte catholique et devenue chrétienne sous l'invocation de saint Charles. Ce lieu saint a été respecté par le canon et le tremblement de terre. Car il est parfaitement conservé, fort propre et remis à neuf tout récemment.

Il y avait grand concours dans la nef et dans le préau voisin. On sortait de vêpres, et l'on venait de baptiser la cloche, première cérémonie de ce genre qui se soit vue sans doute en ce lieu depuis saint Augustin ; si tant est que l'usage des cloches fût connu du temps de l'évêque d'Hippone.

Je pris les informations les plus minutieuses sur ce grave événement ; j'appris que la nouvelle chrétienne en fonte avait reçu le nom de Marie et que le premier magistrat de la ville et madame son épouse, étaient ses parrain et marraine.

Je n'aperçus que de loin le desservant, gros papa de forte encolure et que l'austérité du jeûne ne me parut pas avoir affecté beaucoup.

Trois autres mosquées plus petites, situées à l'autre extrémité de la ville sont restées musulmanes. Leurs minarets sont plus coquets et plus élancés.

Enfin la caravane reparut. On avait fini par rattraper non sans peine le cheval déserteur.

A l'armée encore était revenue cette victoire ; car c'était un soldat du camp qui, bravant les dégringolades et les coups de pied, avait saisi l'animal, au moment où il gravissait un pic de rochers.

L'avocat, oubliant ces vicissitudes, avait repris sa gaîté et son appétit.

Notre souper fut joyeux comme celui de la veille. Il se prolongea assez tard. Ce qui ne nous empêcha pas d'être sur pied de bonne heure le lendemain.

Nous nous remîmes en route, prenant congé de M. Bergeron et de l'hôtel de la Régence, de M. Brumeau, l'un des plus gros propriétaires et des plus gras colons de la colonie, et enfin de notre bien-aimé et féal commissaire civil, qui nous avait traités mieux encore et avec plus de cérémonial que le rat des champs.

Nous repassâmes donc par Beni-Mered,

Bouffarick, Ouled-Mendil, Douëra et Dely-Ibrahim ; et là, changeant un peu notre itinéraire, nous tournâmes sur la droite, pour visiter deux nouveaux villages dépendant de la commune de Kouba et de la banlieue d'Alger, *Byr-Khadem*, dont l'église paroissiale, presqu'entièrement achevée, forme un point de vue tout français par son emplacement sur la route, et en face d'une fontaine monumentale à colonnes couronnées d'un entablement, ouvrage des Maures ; Byr-Mendréïs qui a aussi sa fontaine, élevée jadis par des soins pieux et en grande vénération auprès des indigènes.

**Une seule réflexion sérieuse.**

Si vous rencontrez un ami sur le boulevart, une connaissance dans un cercle, un causeur dans une stalle d'orchestre voisine de la vôtre; et que l'on vienne à parler de l'Algérie, pas un de ceux avec qui vous converserez sur ce sujet, qui le fasse gravement ou avec la moindre connaissance des choses.

Chacun a la faiblesse de se faire une opinion politique, philosophique ou littéraire, d'après le journal qu'il lit tous les matins. Et certains abonnés ont poussé la foi en leurs journaux jusqu'au fanatisme. Cela n'a même pas peu contribué à entretenir l'esprit de parti, d'aigreur ou de mécontentement, dans certaines classes, par le fait fort désintéressées dans les questions gouvernementales ou de dynastie. Il ne faudrait pas un observateur qui eût le tact délicat de Sterne ou la perspicacité d'Addisson pour deviner quel journal lit un monsieur rien qu'en causant dix minutes avec lui.

A propos donc de l'Algérie, l'on vous dira que c'est une mauvaise plaisanterie, une dernière plaie laissée par la Restauration au gouvernement de juillet, qui ne pourra jamais la cicatriser, quoiqu'il ne manque pas d'empiriques.

Un autre vous expliquera tout bonnement que cette guerre d'Afrique est une espèce de partie d'échecs, que les ministres s'amusent à jouer entr'eux, depuis tout à l'heure quatorze ans, pour faire diversion à la turbulence des esprits, occuper une partie des forces militaires qu'il vous faut tenir en armes, et que c'est une merveilleuse occasion de distribuer des épaulettes et des croix.

Un troisième prétendra savoir de bonne part, que cet infâme gouvernement tout de déception, de corruption et de vénalité, n'attend que le moment favorable pour livrer cette conquête mal assise à l'Angleterre; si même la chose n'est déjà faite tacitement.

Enfin un dernier, philosophe, philanthrope et humanitaire vous dira, et ce ne sera pas le moins sensé, que l'occupation de la côte d'Afrique est injuste, agressive, anti-libérale, que nous n'avons pas le droit, nous civilisés, d'aller attaquer, pourchasser et massacrer ces bons sauvages, qui, après tout sont chez eux, y vivent à leur gré, comme il leur plaît, comme faisaient leurs pères, s'embarrassant peu de notre Code civil, de notre gaz hydrogène, de notre académie des sciences et de notre opéra-comique.

Je n'ai pas la ridicule prétention de vouloir répondre à toutes ces questions; et j'ai vu trop peu par moi-même pour pouvoir me flatter d'apporter quelques lumières dans ce labyrinthe de pensées diverses, même à ceux qui n'ont rien vu du tout. Mais, réunissant les opinions des hommes les plus aptes à soutenir cette polémique, et que j'ai eu l'avantage de voir sur les lieux mêmes, officiers qui ont vaillamment combattu, administrateurs qui à force de persévérance ont établi l'ordre dans le désordre, magistrats qui ont opposé la justice à l'oppression, colons hardis, industriels laborieux qui ont risqué leur fortune et leur existence pour arracher à cette terre pour ainsi dire vierge ses premiers fruits ; c'est après eux que je parlerai et que je m'efforcerai de faire luire un simple rayon de vérité aux yeux de mes concitoyens, sinon avec éloquence, du moins avec bonne foi.

Eh! que pourrais-je dire de mieux dit et de mieux pensé, voulant prendre Alger au premier jour de la conquête, si je n'emprunte à M. Genty de Bussy lui-même l'une des plus belles pages de son livre\* ? « Depuis
« quarante ans et plus, jetée aux deux extré-
« mités de la politique, tour à tour puissante
« et humiliée, sans cesser d'être redoutable
« et guerrière, la France a vu son territoire

---

\* De l'établissement des Français dans la régence d'Alger, et des moyens d'en assurer la prospérité, tome 11, page 250-51.

« s'agrandir ou se resserrer, suivant que ses
« drapeaux rentraient chez elle couverts de
« gloire ou de crêpes sanglants. Mais le dé-
« noûment de ce drame où elle avait le pre-
« mier rôle, n'était pas arrivé : un jour la
« chance tourna ; les destins l'abandonnè-
« rent, et tous les peuples se ruèrent sur elle
« pour lui redemander en masse ce que,
« seule, elle avait pris sur tous... Mais il fal-
« lut l'Europe, et à cette mémorable époque
« encore, elle ne la vainquit pas ; elle l'acca-
« bla. Ainsi finit la grande guerre ; et 1815,
« en brisant nos armes, arrêta nos combats
« de géants. Dans cette longue suite d'évé-
« nements extraordinaires, de bouleverse-
« ments, au milieu de ces empires construits
« et renversés, de ce sceptre du champ de
« bataille successivement ressaisi et perdu,
« jamais la fortune ne nous avait plus large-
« ment souri qu'en 1830.

« En 1830, elle nous livra l'Afrique, elle
« nous donna les journées de juillet. Il
« semble qu'un bonheur ne vienne pas sans
« l'autre. La Restauration ne pouvait porter
« à la fois la victoire et la liberté; elle vou-
« lut étouffer l'une par l'autre; elle voulut
« nous donner la tyrannie, elle périt. Mais
« sa conquête, mais Alger nous est resté.
« Alger! contrée admirable, et avec elle, co-
« lonisation, établissement, puissance, voilà
« ce que nous avons devant nous. Est-ce là
« un météore à l'horizon? sont-ce là des
« illusions, des théories brillantes? Non
« c'est la réalité; c'est un sol fertile, un
« territoire immense que nous foulons sous
« nos pieds. »

Ces belles paroles répondraient donc triomphalement pour nous à la première question que nous avons supposée.

La conquête d'Alger n'est point une plaie

que nous ait laissée la Restauration. C'est un territoire, une France nouvelle, une colonie féconde et voisine de nous, qu'elle nous rendait à son dernier jour, en dédommagement de celles que ses derniers rois nous avaient laissé perdre au-delà de l'Atlantique, et que la République ni l'Empire n'avaient pu nous rendre.

Quant aux sots bruits répandus par la malveillance de l'abandon, nous dédaignerons même d'y répondre ; et il nous suffit d'en appeler au bon sens public, au vœu national. Est-il un seul Français qui croye aujourd'hui cet abandon possible ou supposable, au profit surtout d'une nation rivale, pour ne pas dire ennemie?

Tant de combats livrés, tant de sang répandu, tant de trésors enfouis, tant de villes créées ou reconstruites, tant de terres à grande peine défrichées, tant de familles déjà établies et accrues sous la protection de nos lois, à l'ombre de nos drapeaux : tout cela ne serait qu'un rêve, une fiction, un jeu de prince à ministre, qui cesserait au bon plaisir, quand ils auraient assez de l'amusement!

Non cela n'est pas, cela ne peut être. Cette folle pensée ne peut même venir à nos ennemis de l'intérieur, qui ne seraient pas effrayés de revoir dans Paris les Prussiens et les Cosaques.

La victoire nous a livré le massif et le port d'Alger, et le peu de forces que la France a portées sur ce point après son premier triomphe, prouve assez qu'elle ne songeait pas à prolonger la guerre et à porter plus loin ses envahissements.

C'est attaquée, harcelée sans cesse, lorsqu'elle commençait à pacifier et à coloniser, qu'elle s'est vue contrainte de repousser ses agresseurs jusqu'aux deux points extrêmes du littoral. Elle a même témoigné hautement de sa magnanimité en n'écrasant pas de toute sa puissante colère quelques chefs ambitieux ou fanatiques avec lesquels elle eût pu en finir d'un seul coup, elle qui avait soumis en dix ans toute l'Europe.

D'assez beaux faits d'armes, assez d'actions héroïques ont surgi de cette guerre si pénible de broussailles et de montagnes, pour que l'on soit convaincu que les décorations ou les grades qui en ont été la récompense, étaient du moins bien mérités.

La France n'a voulu et ne veut encore que coloniser sur le sol d'Afrique. C'est sur cette terre que le trop plein de sa population peut se répandre et rencontrer le bien-être, l'aisance, la fortune, en y trouvant les moyens de faire fructifier cet esprit actif, aventureux, ingénieux, créateur quelquefois téméraire qui est le propre de nos nationaux ; qualités éminentes, toute françaises, qui se changent en inquiétude, en turbulence après une longue paix, par la multiplicité des concurrents et faute de moyens d'exécution?

Eh! n'est-ce rien qu'une colonie qui nous apporte si à propos et si près de nous de tels avantages?

Quant à la question plus ardue, celle de l'usurpation, de la conquête à main armée, elle ne peut être sans injustice reprochée à la France. C'est au gouvernement anglais que l'on peut reprocher avec raison ses massacres dans l'Inde, ses lâches violences envers les débiles Chinois, ses traités politiques, cauteleux partout ; c'est aux Espagnols, aux Portugais du seizième siècle, qu'on peut dire avec vérité :

— Vous avez été des félons et des lâches

dans votre conquête du Nouveau-Monde;
plus féroces, plus cannibales que les insulaires que vous veniez sans droit et sans cause
déposséder; vous avez fait périr par le fer et
par le feu, une population pacifique, inoffensive. Vous avez égorgé des troupeaux de
moutons qui fuyaient devant vous.

Et nous, nous ne faisons que repousser et
refouler jusque dans leurs déserts des bandes
de tigres, qui s'élancent traîtreusement sur
nous, et que ne peuvent apprivoiser ni les
caresses, ni les bons traitements, ni la générosité.

Nous le répétons : la France n'a pas été
envahir l'Afrique pour y renverser ses villes,
y massacrer ses habitants. Elle a voulu
venger une insulte et détruire à jamais la
piraterie, en s'emparant du repaire de forbans qu'on appelait Alger : Alger où tant de
crimes atroces ont été commis, où tant de

familles chrétiennes ont gémi dans l'esclavage. Satisfaite de sa victoire, elle voulait borner là sa conquête et avoir aussi son Gibraltar sur la mer du Sud. Elle a été forcée de porter ses canons plus loin ; et habituée à vaincre, elle a vaincu.

Et que l'on ne vienne pas nous dire et nous redire encore que c'est l'amour du pays, l'esprit de nationalité qui nous repousse.

Il n'y a point de nationalité réelle chez les Arabes. Asservis tour à tour par quatre peuples conquérants, ils n'ont fait que changer de tyrannie, sans jamais avoir songé à être un peuple. Condamnés au repos, sous la molle domination des Ottomans, ils n'ont cessé de se faire la guerre entre eux, se détruisant de tribus à tribus, de familles à familles, ne vivant, ne pouvant exister que par le vol et le pillage.

On a vu dans les premiers temps du christianisme, des hordes de barbares se précipiter tout à coup comme un torrent de lave sur le monde civilisé, y porter le massacre et l'incendie, détruisant dans leur rage aveugle et les monuments des arts, et les lois, et les mœurs; et tout ce qu'avait produit de si gigantesque le genre humain pendant tant de siècles.

Nous voyons arriver le contraire aujourd'hui : la civilisation fait de nobles efforts pour faire disparaître la barbarie. Elle voudrait en venir à ce louable but par la conviction plutôt que par les armes.

Un grand homme a suffi pour faire de l'Egypte un pays cultivé, puissant, presque éclairé. Que ne doit-on pas espérer de la domination française en Afrique, quand le temps et la persévérance auront triomphé des obstacles?

La guerre finira; la colonie sera éternelle.

Eh! où en serait donc l'Europe elle-même, s'il fallait regarder comme une agression injuste de combattre la barbarie indépendante avec ses fétiches immoraux ou son culte sanguinaire?

L'Allemagne aurait donc encore ses Huns, ses Teutons et les sectaires de Witikind?

L'Angleterre, ses idoles et ses rois de l'Hepptarchie?

La Gaule enfin, ses chefs tatoués et ses druides?

A-t-on fait pour la colonisation nouvelle tout ce qu'on pouvait, tout ce qu'on devait faire? Non sans doute. Il y a eu des essais malheureux, suivis de mécompte. Avouons-le même, il y a eu des fautes de commises. Mais instruits chaque jour par l'expérience, chaque jour nous faisons un pas vers cette grande et noble entreprise qui ne peut plus reculer désormais et que le temps seul peut amener à sa perfection.

On appelait déjà Paris la grande ville au temps de Louis XIII; admirez ce qu'il est aujourd'hui : les métamorphoses qu'il a éprouvées seulement depuis 1830; et dites-moi, sans préoccupation de partis, sans passion, ce que peut être l'Algérie dans cent ans.

Et maintenant pardon, messieurs et mesdames, de cette digression sérieuse, s'élevant presque jusqu'aux hautes régions de la politique et de la philosophie. Peut-être accuserez-vous le gamin d'oublier sa mission et de faire du pédantisme. Rassurez-vous, il va revenir sur la terre, toujours sur la terre d'Afrique; mais avec ses allures franches, son sans-façon d'habitude et son langage quelquefois peu universitaire.

# CONVERSATIONS.

# I

Une petite chambre à coucher, rue Bruce, 11, à Alger.

JOSEPH MEUNIER, M. BIZOT.

### JOSEPH.

Comment, ce n'est pas un rêve? Comment père Bizot, c'est vous? laissez-moi donc me frotter les yeux !

### BIZOT, riant.

Oui mon garçon, c'est moi-même... ah! ah! ah! en chair et en os...

### JOSEPH.

En os surtout. Mais comment est-ce possible? comment cela s'est-il fait? Est-ce

qu'il y a eu une nouvelle révolution à
Paris? est-ce que le gouvernement est changé? mettez donc votre casquette sur mon
lit; vous m'impatientez à la faire tourner
comme cela.

BIZOT.

Et pourquoi donc que je ne voyagerais
pas comme vous, et comme un autre, monsieur le drôle, si j'en ai le loisir et si mes
moyens me le permettent?

JOSEPH, regardant la casquette.

Bon! c'est la même avec son dôme des invalides et son abat-jour moyen-âge; ah!
vieux Bizoteau, ménager comme la fourmi,
et taillé comme la cigale. Mais, voyons, je ne
veux pas vous aplatir. Comment vrai, c'est
vous? vous arrivez de Paris? donnez-moi donc
des nouvelles. Comment se porte la grand'-
mère? ma sœur? le général? tous les amis?
le boulevart du Temple et les fortifications?

**BIZOT.**

Tout cela ne va pas trop mal. La grand'-mère tousse toujours ; madame la comtesse te brode des pantoufles ; le général suit l'homœopathie ; mademoiselle Georges joue à la Gaîté, elle remplit le théâtre tous les jours. J'ai fait queue samedi dernier pour la *Chambre ardente*. Je n'ai pas pu entrer, et on m'a volé mon rat de cave.

**JOSEPH.**

Il en est encore au rat de cave ! Homme vertueux, prix Monthyon ; faut-il que l'Académie ignore son adresse ! Dieu ! que vous me taquinez avec votre parapluie que vous roulez comme cela dans vos mains. Donnez donc que je le mette dans un coin.

**BIZOT.**

Du tout. Tu sais que je ne m'en sépare

jamais. Je le déposerai bien moi-même. Je te disais donc, garçon, que le goût de voyager m'avait déjà saisi, il y a trois mois quand j'ai été à Ville-d'Avray par le chemin de fer de Versailles ; justement que je venais d'obtenir ma retraite et de faire un petit héritage de 1950 francs, qui m'arrivait fort à point pour une pendule que j'avais en vue sur le boulevard Saint-Martin, dont je voulais me faire cadeau pour ma fête.

### JOSEPH.

Vieux colimaçon ; vieux *luxurieux*! Il se caline, il se mijotte, il se fait des surprises ; il se donne le bras pour aller au spectacle.

### BIZOT.

Pour lors, bon! je reçois ta lettre. Elle m'enflamme. Les pieds me démangent, et je n'hésite plus à prendre mon passe-port en apprenant qu'on allait à Marseille pour 45 francs.

### JOSEPH.

Et quand il y aura des ballons omnibus à vapeur, que vous irez pour trente centimes à Calcuta, à Madagascar, ce sera encore autre chose !

### BIZOT.

D'autant plus que j'avais un collègue de bureau qui m'a donné une lettre de recommandation pour un pâtissier de cette ville.

### JOSEPH.

Nous irons le voir ensemble. Je ne suis pas fâché de savoir par moi-même, si les brioches prennent dans la colonie,

### BIZOT.

Nous sommes partis mon parapluie et moi lundi matin. J'étais recommandé par monsieur Michel, des messageries royales au conducteur Péan, un charmant garçon qui nous a menés un train!... J'ai suivi ton itinéraire tout du long et sans dévier, d'autant plus que j'avais emporté une longue-vue, une boussole et une carte d'Europe.

###### JOSEPH.

Ah! bah! puisque vous y étiez, autant valait emporter une mappe-monde. Mais ne dandinez donc pas votre pied comme cela sur votre genou, cela me donne des crispations.

###### BIZOT.

Un voyage charmant, mon ami, je n'ai pas eu le temps de respirer. Jusqu'à Châlons je n'ai gobé que de la poussière et un bouillon froid.

###### JOSEPH.

C'est donc cela que je vous trouve engraissé.

## BIZOT.

Je n'ai pas été aussi content du conducteur du bateau à vapeur qu'on appelle le capitaine, que de celui de la diligence. Il se donnait des airs importants, criait dans un porte-voix pour faire croire qu'il était marin et qu'il connaissait la manœuvre. J'ai appris d'un passager que c'était un ancien épicier de Châlons qui avait fait de mauvaises affaires, et qui était passé contre-amiral sur la Saône. Le Rhône, ah! c'est différent! charmante navigation! Parlez-moi du capitaine Lutz, un bon gros garçon réjoui, commandant le *Neptune*, qui a eu tous les égards imaginables pour moi. Nous avons causé d'économie politique, de finance et des poissons qui sont les meilleurs en friture. Il me servait le premier et me donnait les meilleurs morceaux. La table d'hôte du *Neptune* est très bien servie. Madame Robin, qui en est chargée, est un vrai cordon bleu, et sa jeune nièce, mademoiselle Amélie, est fort alerte et fort gentille.

### JOSEPH.

Voyez-vous ce vieux chauffeur! il fait encore attention à cela.

### BIZOT, faisant l'agréable.

Eh! eh! pourquoi donc pas? Je vous prie de croire, monsieur Joseph, que j'ai été jeune comme un autre.

### JOSEPH.

Ah! il n'y a pas mal de temps de cela.

### BIZOT.

Nous avons passé sous le pont Saint-Esprit.

### JOSEPH.

Vous n'auriez pas mal fait de rester sous ce pont là.

BIZOT.

Passage très dangereux : nous avons failli périr. J'ai été obligé de tirer la corde avec les travailleurs et les passagers, j'avais les mains pleines de goudron.

JOSEPH.

Homme courageux! et il n'est pas décoré! héros moderne! va! (*Il lui enfonce sa casquette sur la tête.*)

BIZOT.

Satané gamin! Il est toujours le même; les mathématiques et les arts et métiers ne l'ont pas changé.

JOSEPH.

Je vous revois, père Bizot; cela me rappelle ma jeunesse, mon bon temps, mon petit boulevart du Gymnase, qu'on m'a abîmé avec des dalles. Au diable la géométrie! enfoncée la tangente ! Je saute par-dessus le carré de l'hypothénuse.

(Il monte sur le genou de Bizot et se tient en équilibre.)

BIZOT.

Pour t'en finir : nous sommes descendus jusqu'à Arles, où je me suis promené au moins pendant trois heures avec mon parapluie. C'est une assez jolie ville, qui ne brille pas par la régularité de ses rues et de ses pavés. Les arènes romaines sont gigantesques, quoique terriblement mutilées. Le cloître et l'église Saint-Trophile m'ont semblé une fort belle chose comme architecture gothique. Le quai ombragé est une promenade assez agréable. Les filles y sont presque toutes très jolies. Elles se ressemblent tant et portent des costumes tellement pareils, que l'on dirait qu'elles sont toutes sœurs. C'est dommage qu'elles parlent patois.

##### JOSEPH.

Excusez! que ça d'observation de mœurs, papa Bizoteau! Il faut que vous fassiez aussi vos impressions de voyages. Je crois seulement que vous êtes plus en état d'apprécier les saucissons d'Arles que la Vénus de ce pays-là.

##### BIZOT.

Ah! par exemple, mon ami, c'est la traversée qui m'a été pénible. J'ai été horriblement secoué.

##### JOSEPH.

Et vous n'avez gardé aucune..... rancune contre personne?

##### BIZOT, douloureusement.

Cela a été complet, mon ami. Quatorze événements le premier jour et cinq le lendemain.

JOSEPH.

Cela se voit de reste; vous êtes transparent. Il faudra drôlement vous remplumer ici.

BIZOT.

J'ai une lettre de recommandation pour un pâtissier de la ville.

JOSEPH.

Est-ce que vous êtes fou de vous dandiner comme cela? Mais vous êtes assis sur le carton à chapeaux de la mère Curet. Bon! le voilà enfoncé. Son biribi des dimanches est aplati. En voilà un palanquin!

BIZOT.

Bah! c'était un carton?

JOSEPH.

Ce n'est pas tout cela, père Bizot. Mon beau-frère m'écrit de venir le rejoindre ; il m'attend. Je pars demain pour Tenès à bord du *Ténare*.

BIZOT.

Comment, malheureux! tu vas me laisser seul ici dans cette affreuse population de sauvages?

JOSEPH.

Du tout, l'ancien, je vous emmène avec moi.

BIZOT.

Et où ça?

JOSEPH.

A Tenès. L'armée est campée à Tlemcen. Nous y trouverons Amédée, le brave colonel Tartas, le général Bugeaud, le prince. Nous verrons l'expédition.

BIZOT.

Et tu crois qu'il n'y a pas de danger?

JOSEPH.

Grand cornichon en maturité! Mais cela serait bien plus amusant, s'il y en avait. Cela nous ferait des émotions, des suffocations. Est-ce que vous venez en Afrique, vous, pour vous croiser les bras et regarder les boutiques, comme dans le faubourg Saint-Denis? A propos, j'y pense : vous auriez peut-être besoin de vous rafraîchir?

BIZOT.

Je t'avoue que, n'ayant rien pris depuis deux jours, au contraire, cela ne me ferait pas de peine.

JOSEPH.

Eh bien! prenez votre casquette et votre parapluie; je vais vous mener au bain maure.

BIZOT.

Tu crois que cela me rafraîchira?

JOSEPH.

Il n'y a rien comme cela pour vous refaire un homme. Je vous recommanderai à Sihamed-Ben-Medani, un petit Koulouglis très caressant. Il vous pétrira en douceur; et je lui enjoindrai de ne rien vous casser, attendu que vous êtes fragile.

## II

Une boutique de pâtissier-confiseur, ornée de tous ses agréments, rue Mahon, à Alger.

JOSEPH MEUNIER, M. BIZOT, M. ROCHE.

M. ROCHE.

C'est moi, Messieurs, pour qui est tout l'avantage. Prenez donc la peine de vous asseoir. Il suffit que M. Pégriot, mon parent, soit de vos amis et me recommande de vous bien traiter... Asseyez-vous donc, je vous prie.

BIZOT, saluant plusieurs fois.

Monsieur, c'est nous qui..... certainement..... sommes flattés.....

#### JOSEPH.

Oui, monsieur Roche, c'est nous qui sommes honorés de faire la connaissance d'un homme comme vous, qui jouit ici d'une double réputation et doublement méritée.

#### M. ROCHE.

Vous êtes trop honnêtes et trop indulgents.

#### BIZOT.

Vous me pardonnerez, Monsieur, de me présenter chez vous aussi sans façons, avec ma casquette et mon parapluie, l'attirail d'un voyageur; d'autant plus que, devant repartir demain, je n'ai pas ouvert mon sac de nuit.

#### M. ROCHE.

Vous partez demain? sitôt!

#### JOSEPH, faisant le capable.

Nous nous rendons à Tenès, où nous attendent le prince, le général et M. le comte Amédée Morin, mon beau-frère.

BIZOT, soupirant.

Ce n'est pas ce qui me rassure le plus.

JOSEPH.

Laissez donc, père Bizot, vous tremblez toujours. Ne criez pas avant qu'on ne vous écorche.

M. ROCHE.

Si bien donc, Monsieur, que vous avez laissé ce cher M. Pégriot en bonne santé?

BIZOT.

En parfaite santé. Savez-vous que ce n'est pas d'hier que nous nous connaissons. Nous sommes entrés dans la même administration à trois mois de distance, en 1812, ma foi, l'année de la désastreuse campagne de Russie. Et notre apprentissage a été rude, car le Mont-de-Piété a eu beaucoup de besogne à cette époque là.

### M. ROCHE.

Et s'occupe-t-il toujours d'objets d'art, d'études minéralogiques?

### BIZOT.

Plus que jamais. Vous comprenez : venant d'être mis à la retraite, il peut donner tous ses loisirs à ses occupations favorites.

### JOSEPH.

Ah! parlons-en du papa Pégriot, le flegmatique et honorable collègue du voisin Bizoteau. Voilà un savant, un géologue, un ornithologiste! Il s'occupe même aujourd'hui de botanique. Il a des goûts simples, et des giroflées doubles sur sa fenêtre. Il fait des études de mœurs sur les pissenlits, et a découvert qu'ils étaient de la même famille que les chicorées sauvages; et il vous rempaille des perroquets aux oiseaux.

BIZOT.

C'est un homme très fort, et qui a la collection la plus complète de silex. Il a des quartz bruts de la plus grande beauté. Monsieur, en mil huit cent-vingt-quatre... je crois que c'est en mil huit cent-vingt-cinq... non, c'est bien vingt quatre... parbleu! l'année de la mort de Sa Majesté Louis XVIII... Enfin, n'importe... je perdis presque en même temps un petit chien bichon à oreilles longues, que j'idolâtrais. Vous me croirez si vous voulez, mon cher Monsieur, cet excellent Placide Pégriot, mon collègue, cet ami de l'humanité, me l'a rendu vivant avec de la ouate de coton, du camphre et des yeux d'émail. Je n'oublierai jamais cela.

JOSEPH, à part.

Oh! si le père Bizot se met à jacasser comme cela nous sommes collés sous bande à perpétuité. (*Haut.*) Savez-vous, monsieur Roche, que votre établissement est fort appétissant à voir. Palsembleu! vos rayons sont resplendissants de sucreries et de confitures. On dirait un des salons du roi de Cocagne, ce doucereux monarque, dont les murailles étaient de croûte de pâté, et qui nourrissait sa cour d'architecture.

> Et, sans mentir, si votre ouvrage
> Se rapporte à votre étalage,
> Vous êtes le phénix des pâtissiers d'ici.

M. ROCHE, riant.

Comment donc, mon jeune ami, n'êtes-vous pas mon hôte? tout est à votre disposition, si le cœur vous en dit.

JOSEPH.

Ce n'est pas de refus, monsieur Roche.

Tout étouffant qu'est votre soleil d'Afrique, il ne m'a pas ôté l'appétit; et vos brioches sont si bien dorées qu'on se sent attiré vers elles comme par l'attraction magique.

(Il mange une brioche.)

BIZOT.

Petit gourmand, va! comment tu n'as pas de honte!... Eh! eh! voilà des petits biscuits à la vanille qui ne me paraissent pas sans mérite.

(Il en mange huit.)

M. Roche s'empresse de mettre à leur disposition les plus beaux fruits de son jardin.

JOSEPH.

Délicieux!

BIZOT, mangeant toujours.

C'est-à-dire qu'on ne fait pas mieux dans le passage des Panoramas et sur le boulevart du Temple.

JOSEPH.

Monsieur Roche, j'ai eu l'avantage de

faire la connaissance à Marseille de l'un de vos confrères les plus recommandables, M. Castelmuro, qui a ses magasins rue Saint-Féréol, qui est homme de goût et artiste comme vous. Sa galerie de tableaux est précieuse et bien choisie, et il serait à désirer que tous les négociants de cette bonne ville entendissent, comme lui, le commerce et le confortable.

###### M. ROCHE.

Vous ne me dites rien de surprenant, monsieur le Parisien. Vous me parlez du grand maître de l'ordre. M. Castelmuro n'est pas seulement un commerçant d'une probité reconnue; c'est véritablement un artiste, un créateur. Sa réputation est faite depuis longtemps dans tout le midi de la France.

###### JOSEPH.

Mon cher maître, flatterie à part, voilà du

baba qui ferait pâlir de honte Thomas, Félix et Strorer lui-même.

### BIZOT.

Ma foi! moi, je donne la préférence à ces petits gâteaux au chocolat.

(Il en mange deux.)

### JOSEPH.

Mais, dites-moi donc, papa Bizot, vous n'y allez pas de main morte, quand vous vous y mettez, vous qui m'appelez gourmand. Il me semble qu'en voilà pas mal que vous mettez à votre caisse d'épargne.

### BIZOT.

Cela ne te regarde pas, polisson. Je fais honneur au talent de notre gracieux hôte. D'ailleurs, j'ai fait des pertes, il faut que je les répare.

### JOSEPH.

Mais vous dévorez à vous étouffer.

BIZOT.

Ce n'est pas de ta faute, mauvais sujet, si je n'ai pas étouffé déjà. Figurez-vous, mon cher Monsieur, que ce drôle-là m'a mené au bain maure, sous prétexte de me rafraîchir, et que cela m'a tellement suffoqué, que j'ai craint d'en rester poussif pour toute ma vie.

JOSEPH.

Parlons de choses plus sérieuses, Monsieur Roche; nous savons par des personnes honorables et assez haut placées que vous consacrez vos moments de loisir à la littérature.

M. ROCHE.

Il est vrai, Messieurs. C'est une faiblesse, un ridicule peut-être dans ma profession, mais c'est un délassement que j'aime et auquel il me serait pénible de renoncer.

JOSEPH.

Pourquoi donc y renoncer? quand on s'en acquitte comme vous, cette distraction a un but. Nous sommes à l'époque des ouvriers poètes. Je connais un menuisier qui rabotte très bien la chanson; le jeune boulanger Reboul, de Nîmes, qui est même un peu mon parent, par parenthèse, a des inspirations que beaucoup de nos académiciens ne désavoueraient pas. Le coiffeur Jasmin vient de remettre en honneur la langue d'Oc, si oubliée de nos jours. Et l'on m'a montré un jeune maçon de Toulon, que les flots de la Méditerranée ont mis au rang de nos poètes élégiaques. Et vous marchez sur leurs traces, monsieur Roche, si vous n'êtes leur maître.

BIZOT, prenant trois prises de tabac.

D'autant plus que sans être positivement

versé dans les lettres orientales, je ne me fais pas une grande idée de la littérature arabe. Que voulez-vous que l'on fasse d'une langue abominable où ce qu'on entend de plus clair, c'est : *Alla-Raguie salem, maboul* ou *hoba jibel traïa faisar kébir?*

JOSEPH.

Et, où les chansons de noce ont pour refrain, *lou! lou! lou! lou! lou!*

M. ROCHE.

Permettez-moi de vous détromper, Messieurs. Ce n'est pas dans les chants grossiers de la dernière classe du peuple indigène, qu'il faut chercher l'éloquence ou la poésie arabe. Je ne suis, sans doute, qu'un faible apprenti en cette matière, mais je m'en suis un peu occupé; et je vous assure qu'il est certains chants guerriers, certaines plaintes amoureuses de nos poètes arabes ou maures, qui vous surprendraient par la variété de leurs expressions, souvent par la force de leurs pensées. Et si je ne craignais pas d'abuser de vos instants, je vous citerais une ou deux imitations que je dois à la complaisance d'un de nos professeurs.

JOSEPH, avec empressement.

Comment donc! mais cela n'est pas de refus, cher hôte; vous nous ferez même grand plaisir d'éclairer notre ignorance sur ce point. Tout léger que je suis de caractère, j'aime à m'instruire, et j'en cherche l'occasion partout où elle peut se présenter.

BIZOT.

Comment! ces affreux crocodiles font des vers? je ne m'en serais jamais douté.

M ROCHE, ouvrant un tiroir et en tirant un petit manuscrit.

Tenez, voici des stances en quelque sorte philosophiques, que l'on attribue à un poète kabyle. C'est plutôt de la prose rimée, que des vers mesurés, comme on l'entend chez nous. Mais il paraît que le rhythme régulier n'est pas dans les habitudes de ces rimeurs vagabonds.

### QUESTION A UNE TOMBE.

« Parle, réponds-moi, demeure sombre !
« où va s'engloutir le néant dans ton gouffre
« toujours ouvert ? parle, réponds à ma fai-
« ble intelligence, qui reste incertaine et
« confondue devant toi.

« Dis-moi ce que c'est que la vie dont
« nous jouissons si peu de jours, et dont le
« secret vient se renfermer dans ton sein,
« comme celui de l'éternité est caché dans
« le sein de Dieu.

« Oh ! réponds-moi, pierre silencieuse,
« dis-moi ce que deviennent dans ton sein

« et l'existence qui finit et le néant qui com-
« mence.

« Et la tombe répond : Mortel téméraire,
« en vain tu élèves ton orgueil jusqu'à Dieu!
« la tombe est là pour arrêter les efforts
« impuissants de ton intelligence. La mort
« arrive, te frappe, en te disant : Tais-toi.

« Et, de quel droit prétends-tu interroger
« le Créateur? Ses mystères sont à lui et res-
« tent entre ses mains. Le cadavre que le
« tombeau recèle ne te dit-il pas : Arrête-là
« ton intelligence, car tu ne peux aller plus
« loin. »

BIZOT.

Cela me paraît très joli, quoique cela ne soit pas d'une gaîté folle.

JOSEPH.

Vieux mécréant, voilà comme vous vous y connaissez. Dites donc que c'est ravissant, que c'est sublime! Digne de l'auteur des *Méditations poétiques*. Et tenez, M. Roche, cela me rappelle deux petites stances de notre illustre maître M. Victor Hugo, à peu près autour de la même idée, mais plus consolantes, plus chrétiennes. Je crois qu'elles vous feront plaisir et que vous ne les connaissez pas, car elles sont encore inédites :

>La tombe dit à la rose :
>Des pleurs dont l'aube t'arrose
>Que fais-tu, fleur des amours?
>La rose dit à la tombe :
>Que fais-tu de ce qui tombe
>Dans ton gouffre ouvert toujours?
>
>La rose dit : tombeau sombre,
>De ces pleurs je fais dans l'ombre
>Un parfum d'ambre et de miel.
>La tombe dit : fleur plaintive,
>De chaque âme qui m'arrive,
>Je fais un ange du ciel.

M. ROCHE.

Voilà une petite épître amoureuse, où l'on

croit retrouver le langage badin et même ces jeux de mots si chers à nos poètes du dernier siècle.

« Zohra, ton nom vient de la fleur de
« l'oranger ; mais cette fleur te le cède en
« éclat.

« Ta bouche, Zohra, est un anneau d'or ;
« heureux celui qui la baise. Tes joues sont
« vermeilles comme le vin dans la coupe.

« Je suis allé trouver le cadi de l'amour,
« pour lui exposer au milieu de ses asses-
« seurs, ce qui m'est arrivé.

« J'ai aimé qui en était digne, et je n'ai
« point été intimidé devant le tribunal*. »

### JOSEPH.

Bravo ! c'est délicat et tendre comme les lettres à Émilie sur la mythologie.

* Traduction de M. Genty de Bussy.

##### M. ROCHE.

Voulez-vous un petit échantillon satirique? ce quatrain a été fait sans doute par un pauvre amant trompé.

« Le marché des femmes, est un marché
« bien dangereux. On y vend à faux poids,
« on y livre à mauvaise mesure. Toi qui les
« fréquentes, mon ami, prends garde à toi,
« tu seras volé. Elles ont dans le cœur du
« plomb et du feu. Le coup part, et c'en est
« fait de celui qui en est atteint. »

##### BIZOT, applaudissant.

C'est pas mal, ce n'est pas mal.

##### JOSEPH.

Parbleu! mon cher monsieur Roche, votre petit coup d'aiguille arabe contre le sexe trompeur, m'en rappelle un moins sanglant et dans le goût tout français ; j'ai oublié le nom de l'auteur et je ne vous le donne pas comme neuf, car je savais cela étant tout gamin :

> On dit avec malignité :
> Femme n'est bonne que sans tête.
> On ne dit pas la vérité ;
> Cette satire est malhonnête.
> Avec sa tête on trouvera
> Femme douce et sans artifice,
> Mais il faut prendre pour cela
> Une femme de pain d'épice.

Soit dit sans personnalités pour vous, monsieur Roche.

### M. ROCHE.

Je pourrais vous citer jusqu'à une ode, une ode véritable, sur la prise d'Alger, dans laquelle le poète pleure sa ville natale escaladée par les chrétiens, et accuse la race juive d'avoir livré les hommes généreux à leurs ennemis, les arbres des campagnes et les boutiques des marchés au fer des destructeurs.

### JOSEPH.

Tout cela est très bien, mon cher monsieur Roche, mais vous êtes trop modeste avec nous. Vous prenez la peine de nous faire connaître quelques petites pièces détachées de la poésie arabe, et vous ne nous parlez pas de vos essais poétiques. On m'en a fait connaître quelques-uns, entr'autres un prospectus en chansons, qui, autant que je peux m'y connaître, m'a semblé très spirituel. Comment donc! vous avez eu même l'honneur d'être critiqué, attaqué rudement par un jeune rival, employé à la direction de l'intérieur, qui dans un pot-pourri en réponse à votre chanson prospectus, vous accable de coqs-à-l'âne, vous mitraille de calembourgs. Il vous reproche d'avoir fait des *brioches* sans nombre, il vous accuse d'une quantité infinie de *boulettes* et même d'avoir des vins *feints*. Il vous conseille d'imiter *Lesage*, votre illustre confrère. Il vous dit :

En quittant le métier d'auteur,
Des pâtissiers *reste orateur*.

Il prétend dans son amertume satirique, que votre muse est sur le *flanc*, et que si vous étiez d'une bonne *pâte*, on vous verrait *amendé*. Il vous compare au chat *échaudé* qui craint l'eau froide, et termine sa diatribe par ce coup de tonnerre :

> Pour que ton nom *vole au vent* de la gloire,
> Ah ! *reste au rang* des pâtissiers.

M. ROCHE.

Je crois avoir répondu triomphalement à cette boutade *sans sel* par une épître qui était assez *salée*.

JOSEPH.

Vous auriez tort d'y mettre de l'aigreur, mon cher monsieur Roche. C'est à vous surtout qu'on peut dire :

> Que peut contre le roc une vague animée ?

On n'attaque, on ne critique que ceux qui en valent la peine. Heureux pour les lettres le temps où les querelles littéraires étaient à la mode; où le public, moins occupé de la rente, des élections, ou des affaires d'Espagne, prenait part à la dispute et mettait les combattants côte à côte dans sa bibliothèque. Mais laissons cela, et veuillez couronner votre bonne réception en nous donnant quelques-uns de vos vers.

M. ROCHE.

Vous êtes trop bon d'y mettre tant d'insistance. Ce qui me tombe sous la main a été écrit sous une impresssion douloureuse. C'est un fragment, je vous le livre sans prétention.

### LA SÉPULTURE DE MA MÈRE.

Une mère ! c'est l'espérance
De l'enfant qui pleure au berceau,
C'est la seule main qui commence
A soigner le jeune arbrisseau.

J'en avais une, hélas! écoute,
Tout mon cœur en porte le deuil,
Et mes pleurs s'en vont goutte à goutte
La chercher vivante au cercueil.

O mes larmes, coulez! allez trouver ma mère;
Portez-lui de son fils un tendre souvenir,
Et rapportez-moi d'elle un mot pour me bénir.
Vous verrez une croix dans l'humble cimetière;
Cette croix vous dira : « C'est ici qu'elle dort. »
Là vous ne trouverez que des os, que des cendres;
C'est elle... Donnez-lui quelques baisers bien tendres,
   J'irai les prendre après ma mort.

Mais, hélas! que dit-on? L'on a perdu la place
Où ma mère dormait et m'attendait un jour?
Au bout de quelques ans chaque fosse, à son tour,
Sert pour un autre mort que celui qu'il remplace?
Pour qu'on garde une fosse, il faut payer exprès!...
Marseille, mon pays, qu'as-tu fait de ma mère?
Te fallait-il de l'or! ô ville mercenaire,
   Pour la garder sous un cyprès?

Fossoyeurs, répondez, si vous pouvez le dire,
Ces restes que je veux que sont-ils devenus?
Un os, au moins un os!... Sont ils donc tous vendus!
Serez-vous sans pitié?... Mais mon cœur se déchire,
Ce cimetière a donc aussi son bordereau?
Dépositaire vil, si tu comptes par sommes,
Si tu mets au tarif la poussière des hommes,
   Que l'enfant périsse au berceau.

O ciel! écoute-moi! c'est toi que je réclame :
Je croyais retrouver pour appui, pour secours,
Les restes précieux à qui je dois mes jours,
Mais tout est dispersé .. Tu n'as plus que ton âme.
Garde-la, garde-la pour lui porter mes vœux :
Je lui dois tant d'amour, tant de reconnaissance,
Que je veux lui donner toute mon espérance ;
    Après, brise-moi si tu veux !

### JOSEPH.

Bravo! bravo! voilà qui est plein de sentiments vrais et qui sent la bonne école.

BIZOT, qui n'a cessé de manger des gâteaux pendant tout ce temps, et la bouche encore pleine.

Bravo! bravo! c'est délicieux.

### JOSEPH.

Par ma foi, Monsieur Roche, vos productions les plus succulentes ne sont pas celles qui ornent votre magasin. Permettez-moi de vous faire mon compliment bien sincère. Je regrette d'être obligé de vous quitter si tôt; mais notre prochain départ nous commande impérieusement.

BIZOT, s'essuyant la bouche.

Après tout, nous ne sommes pas si pressés ; nous ne partons que demain.

JOSEPH.

Eh bien, à la bonne heure! couchez ici, dévalisez la boutique. Il disait qu'il n'avait pas faim, le vieux faussaire ! Allons, dépêchons. Il faut aller chercher nos passe-ports; nous n'avons pas de temps à perdre.

(Il prend le parapluie de Bizot et s'avance vers la porte.)

BIZOT.

Malheureux! veux-tu laisser mon parapluie?

JOSEPH, dans la rue.

(Après quelques compliments d'adieu, ils sortent de la boutique. M. Roche les reconduit jusqu'à l'extérieur.)

Par ma grand' foi, illustre Bizoteau, je ne

m'attendais pas à avoir une séance littéraire, et presqu'une discussion savante, dans la boutique d'un pâtissier.

BIZOT.

C'est un charmant jeune homme; et certainement je ne veux pas m'embarquer sans aller lui faire mes adieux.

JOSEPH, lui frappant sur l'épaule.

C'est-à-dire que vous ne voulez pas vous embarquer sans biscuit.

# III

Le devant d'une vieille maison mauresque, au coin de la rue Adada.

CHELOUN - BEN - ALBOU, HAFFIS - BEN - OUKIL ; puis, JOSEPH MEUNIER et BIZOT.

CHELOUN, assis sur un banc près de la porte, et fumant une grande pipe.

Allah, Allah, ursul el Allah !

HAFFIS, s'approchant de Cheloun, met sa main sur sa poitrine et s'incline légèrement.

Ouache-al-ek?

CHELOUN.

Ouache-enta ?

HAFFIS.

Salem alicum.

CHELOUN.

Alicum salem *.

JOSEPH, à l'angle de la rue.

Chut! chut!

BIZOT, montrant sa tête à l'encoignure.

Hein? quoi? qu'est-ce que c'est? qu'est-ce qu'il y a?

JOSEPH.

Taisez-vous donc, père Bizot! Vous allez

---

* CHELOUN.

Dieu est Dieu, Mahomet est son prophète.

HAFFIS.

Comment te portes-tu?

CHELOUN.

Comment vas-tu?

HAFFIS.

Que la paix soit entre nous.

CHELOUN.

La paix est entre nous.

m'empêcher de faire une observation de mœurs des plus curieuses. Voilà deux Arabes dont l'un fait une visite à l'autre.

BIZOT.

Ah bah !

JOSEPH.

N'ayez pas l'air de les écouter. Cachez-vous derrière cette muraille, vous et votre parapluie; vous ne faites pas tant de volume à vous deux. Si ces bonnes gens s'apercevaient qu'ils sont observés, ils rentreraient chez eux et nous ne jouirions pas de leur conversation.

BIZOT.

C'est juste. Je ne serais pas fâché d'entendre leur conversation.

HAFFIS.

Ouache-al-ek ?

#### CHELOUN.

Ouache-enta?

#### BIZOT.

Hein? qu'est-ce qu'il dit?

#### JOSEPH.

Ce sont deux personnages importants. On me les a déjà montrés dans un café maure. Celui qui est assis se nomme Cheloun-ben-Albou, c'est un ancien marchand retiré avec une honnête aisance ; il passe pour un homme pieux et charitable. Celui qui l'aborde est Haffis-ben-Oukil, son emploi est à la fois civil et religieux. Il est receveur des rentes et des fontaines saintes pour la Mecque et Médine.

#### BIZOT.

C'est peut-être comme qui dirait le Mont-de-Piété d'ici.

HAFFIS.

Ouache-al-ek ?

CHELOUN.

Ouache-enta ?

JOSEPH.

Ce sont de vieilles connaissances, comme vous et M. Placide Pégriot.

BIZOT.

Ah! regarde-donc : le premier caresse la barbe de l'autre, qui lui rend la même politesse avec une gravité superbe.

JOSEPH.

C'est la manière de s'embrasser chez ces braves gens-là.

BIZOT.

C'est fort comique. Comme on s'instruit en voyage!

HAFFIS.

Ouache — al — ek.

CHELOUN,

Ouache. — enta.

BIZOT.

Il me semble qu'il dit à son camarade *vache à lait*.

JOSEPH.

Cela doit-être quelque chose comme cela.

BIZOT.

Ah! ah! ils s'asseoient tous les deux sur le même banc. Le premier repasse sa pipe à l'autre.

JOSEPH.

C'est une faveur toute particulière et à laquelle le révérend Haffis-ben-Oukil paraît fort sensible.

BIZOT.

Je ne trouve pas cette galanterie-là d'une excessive propreté.

JOSEPH.

Ne parlez donc pas si haut, sempiternel causeur, vous allez les interrompre.

HAFFIS.

Ouache — al — ek?

CHELOUN.

Ouache — enta?

BIZOT.

Est-ce que tu ne trouves pas que leur conversation est un peu monotone?... Toujours vache à lait... Est-ce que ce brave receveur n'aurait pas quelque chose de mieux à dire à cet honnête négociant?

JOSEPH.

Je trouve en effet qu'ils se répètent passablement avec leur *vache en tas.*

BIZOT.

Mais voilà qu'ils ne disent plus rien du tout.

JOSEPH.

Oh! généralement ils ne sont pas bavards.

BIZOT.

Je m'en aperçois.

JOSEPH.

Après tout, ils ne sont pas plus bêtes en se touchant la barbe pour se saluer que les hommes qui retirent leur chapeau, ou les femmes qui font la révérence. Il y a des sauvages qui se tirent le bout du nez. Je me suis laissé dire qu'il y avait une certaine race d'Iroquois qui se régalait de grands coups de pied au derrière, pour se souhaiter la bonne année. Les Anglais s'abordent en se demandant :

— *Comment faites-vous faire?*

— Les Latins se disaient :

— *Combien valez-vous?*

— Les Italiens s'informent.

— *Comment ils se tiennent.*

— Et je ne trouve pas que notre *comment vous portez-vous?* soit bien clair et ait trait positivement à la santé des gens.

BIZOT, écoutant.

Décidément il paraît qu'ils ont épuisé toute espèce de conversation.
(Long silence de la part de Cheloun et d'Haffis.)

JOSEPH, impatienté.

Ils sont bêtes comme deux cruches. Ils sont dans le cas de rester là une grande heure immobiles et silencieux comme des momies. J'ai envie de leur offrir la goutte. C'est la façon cordiale de se saluer de nos braves troupiers français; et par la corbleu! je crois que c'est la meilleure.

#### BIZOT.

Tu crois qu'ils boiraient la goutte? le vin leur est défendu par la loi de Mahomet.

#### JOSEPH.

Oui. Le sublime prophète a fait cet édit dans sa colère, parce qu'il avait reçu une pile de quelques ivrognes. Mais ses dévots ont fait aussi avec lui quelques petits accommodements. Ils risquent très bien le fil en quatre et l'anisette. Ils né se privent même pas d'ingurgiter le champagne dans l'occasion.

(Même silence de la part des deux Musulmans.)

#### BIZOT.

Oh! c'est un parti pris ils ne desserreront plus les dents.

#### JOSEPH.

Cela ferait deux députés bien agréables.

Ma foi! filons. J'en ai assez pour ma part.

(Il prend Bizot par le bras et passe devant les deux Arabes toujours immobiles.)

JOSEPH.

Ouache — al — ek ?

CHELOUN ET HAFFIS, se levant.

Ouache — enta ?

## IV

Le pont du bateau à vapeur le *Ténare*.

JOSEPH MEUNIER, M. SAMUEL SCHERER, M. ISIDORE MENARDIER ; puis, M. BIZOT.

### JOSEPH.

Ah ! vraiment, monsieur Samuel Scherer, vous étiez parent de ce célèbre M. Bacry que l'on m'a montré une fois dans une promenade à Paris. Tous les contes que l'on a faits sur ce vieux Juif, sans vous offenser monsieur Samuel, sont-ils vrais ? Est-il croyable qu'un trafiquant algérien en soit venu à rivaliser de fortune avec notre célèbre baron Rotschild ?

SAMUEL.

On a sans doute beaucoup exagéré les choses; car maître Jacob Bacry avait par le fait plus en crédit qu'en espèces. On prétend qu'il possédait quarante millions. Mais il faut dire que sur cette somme énorme l'Espagne lui en devait trente-six.

JOSEPH.

Je ne ferais pas grand fonds pour mon compte sur cette créance là.

SAMUEL.

Vous sentez que ce n'était pas avec les Turcs où le dey d'Alger qu'il faisait ses affaires les plus brillantes. La France elle-même entra pour quelque chose dans la fortune de maître Jacob; et il y a quelque temps de cela, puisque cela remonte à l'expédition du général Bonaparte en Egypte. Il se chargea d'une assez forte portion de fournitures et de presque tous les transports, sous pavillon Algérien, afin d'échapper à la surveillance anglaise. L'entreprise était hardie, périlleuse même. Il se fit payer grassement. Il obtint des concessions, des priviléges. Je ne sais quelles primes encore sur des marchandises. Cela le mit en goût de traiter avec les puissances, mais il fut toujours en butte à la jalousie de ses collègues ou de ses rivaux, à la haine des différents pachas qui gouvernèrent l'Algérie ; trahi, calomnié par ses propres facteurs, il ne put jamais jouir paisiblement de ses richesses. Quoique septuagénaire, il était retenu en prison par Hussein-Dey, quand la conquête d'Alger vint le délivrer.

JOSEPH.

Je sais cela. Il paraît que c'est alors que le consul de France faisait quelques réclamations à propos de votre maître Jacob, que le dey s'emporta au point de frapper notre représentant d'un coup de chasse-mouches.

SAMUEL.

On dit bien mieux vraiment. N'avons-nous pas aussi nos cancans, notre petite chronique scandaleuse. On dit que le vieux Hussein, malgré son âge, était épris d'une très belle dame qui voyait d'un œil plus favorable le jeune consul français; que c'est là le véritable motif de la colère de l'imbécile tyran contre lui.

BIZOT, montant de l'entrepont, son parapluie à la main.

Je crains bien que nous ayons une tempête. Je ressens quelque chose... un certain malaise...

SAMUEL.

Une tempête! Oh! il n'y a rien à craindre, la journée sera superbe. Nous sommes déjà en vue de Cherchell.

JOSEPH.

Laissez-donc, c'est vous qui êtes à l'orage, père Bizoteau ; vous avez mangé tant de pâtisserie hier...

BIZOT.

Et dire que je n'ai plus d'eau de mélisse des Carmes.

JOSEPH.

Suivez-donc mon conseil. Dès que vous vous sentez mal disposé, couchez-vous.

BIZOT.

Eh! je ne fais que cela, et à la moindre secousse je suis éveillé en sursaut. Il me semble que je suis précipité au sein des flots amers.

JOSEPH.

Laissez-nous tranquilles, père Bizot; nous

causons avec M. Samuel Scherer de choses sérieuses.

BIZOT.

Ah! monsieur est monsieur Samuel Scherer, négociant et fournisseur.

JOSEPH.

Lui-même, auquel l'obligeant M. Alphandery a bien voulu nous recommander particulièrement.

(Bizot tire sa longue vue de sa poche et la braque sur le toit de la cabine.)

ISIDORE, assis sur un banc de tribord et jetant un reste de cigare dans la mer.

Eh bien! on en dira ce qu'on voudra! vos cigares d'Alger à un sou ne valent pas le diable.

BIZOT.

Oh! je découvre une grande quantité de montagnes.

SAMUEL.

Ce sont les premiers pics du *Djebel-Merjejah*.

BIZOT.

Quel nom atroce; je ne me ferai jamais à une langue comme celle-là. Ah! ah! je distingue parfaitement un petit marabout tout blanc sur la côte.

JOSEPH.

Elle est gaie votre lunette! c'est un alcyon qui se repose sur le bord de l'eau.

BIZOT.

Tu crois? ma foi oui. C'est une espèce de cigogne; elle se tient sur une seule patte.

ISIDORE.

Voyez-vous, ce sont les cigares de la Havane qui sont incontestablement les meilleurs.

###### JOSEPH.

Pour en revenir aux Juifs, monsieur Samuel Scherer, il paraît que ce sont eux qui se plaignent le moins de notre occupation de l'Algérie.

###### SAMUEL.

Je le crois bien. Ils y ont gagné cinq cents pour cent, sans parler de cette liberté, de cette loi commune pour tous, dont ils jouissent naturellement comme les autres. Aussi est-ce parmi eux que la France compte ses plus zélés partisans. Les femmes juives surtout bénissent la domination française qui est venue en quelque sorte les émanciper.

###### JOSEPH, souriant.

Oh! elles se sont toujours assez émancipées par elles-mêmes; et leurs maris à cet égard passent pour être d'assez bonne composition.

##### SAMUEL.

Il y a quelque peu de médisance dans ce fait. Je ne défends pas quand même mes co-religionnaires; j'avouerai qu'il y en a quelques-uns de peu honorables. Mais aujourd'hui que les bienfaits de la civilisation les ont fait sortir de l'asservissement et de la position humiliante dans laquelle le fanatisme chrétien les avait tenus si longtemps, ils s'instruisent, ils s'élèvent, et vous voyez qu'aucune capacité de cette secte, quand elle est bien reconnue, n'est exclue, même des grands emplois.

##### JOSEPH.

C'est justice. Nous ne sommes plus au temps des auto-da-fé, de l'inquisition et des conciles.

##### SAMUEL.

Eh bien! jusqu'à la femme juive, qui a

voulu prendre aussi sa part de ce grand gâteau libéral. Son mari, qui, selon la loi judaïque, n'en faisait pas grand cas, ne la considérait guère mieux qu'une servante, et qui la maltraitait assez usuellement, comme pour se venger de la société qui l'éloignait ou le maltraitait lui-même ; son mari a perdu d'autant de sa sévère autorité. Elle en a habilement profité pour secouer le joug tout à fait. La plupart des Juives de la classe bourgeoise se sont mises à la tête de leur maison. Elles tiennent leur ménage.. Elles se sont instruites et elles ont appris quelques arts d'agrément. Et comme elles sont naturellement adroites, intelligentes, spirituelles, tout aussi coquettes que les autres, les choses ont entièrement changé de face. Si bien qu'aujourd'hui vous prendriez beaucoup d'entre elles pour des Parisiennes distinguées et bien élevées.

JOSEPH.

Voilà ce que nous n'obtiendrons jamais des Bédouins ni des Mauresques.

SAMUEL.

Il faut du temps.

BIZOT.

Ce soleil est insupportable. J'ai envie d'ouvrir mon parapluie.

JOSEPH.

Je le crois bien. Prenez-garde de ternir ce teint de lys et de roses.

ISIDORE.

Tenez, j'ai fumé du côté de Morlaix des cigares de Porto-Rico. Ah! parlez-moi de cela, par exemple! voilà des cigares!

JOSEPH, bas à Samuel.

Il paraît que ce monsieur voyage pour étudier les mœurs *tabagiques* des nations.

BIZOT.

Bon ! voilà le vent qui me fait la guerre, à présent.

SAMUEL, à Joseph.

Est-ce que vous comptez rester quelque temps à Tenès ?

JOSEPH.

Oh ! oh ! deux ou trois jours seulement. Serrer la main au beau-frère, le ramener en France, si je peux. Mais voilà le mal du pays qui me gagne, et j'ai hâte de me voir à Marseille, où m'a devancé mon vieil ami Arnaud.

ISIDORE.

On avait voulu faire prendre les cigares de Manille, encore un abus du monopole, une flouerie du gouvernement! J'ai su, quand je voyageais sur Tonains, qu'on manipulait ces feuilles avec une composition de sirop, de quinquina et d'opium.

BIZOT, retenant avec peine son parapluie.

Voilà une affreuse bourrasque. L'impétueux Borée est déchaîné contre nous.

JOSEPH.

Fermez votre parasol, vieux jobard.

BIZOT.

Mais je ne le peux pas. Le vent s'engouffre dedans. Voilà deux fois que je manque de tomber.

JOSEPH, riant.

Tenez-donc ferme, vous allez tomber; avec cela que vous êtes lourd comme une plume!

BIZOT.

Aide-moi donc, malheureux, tu vois bien que je ne suis pas le plus fort.
(Un coup de vent plus violent emporte le parapluie dans la mer.)

JOSEPH, *sautant sur le banc.*

Ah! ah! ah! au secours! au secours! voilà un parapluie qui se noie.

BIZOT.

Grand Dieu! sauvez-le! rendez-le moi.

JOSEPH.

Laissez-donc, il n'y a pas de danger. Les baleines, cela va sur l'eau.

BIZOT.

Sans cœur que tu es, peux-tu rire de mon infortune! Un ami dont je ne me suis jamais séparé. *(criant.)* Sauvez-le! sauvez-le. *(A un mousse qu'il rencontre).* Petit, je te donnerai une pièce de cinq sous toute neuve si tu peux me le rattraper. Bon, voilà le mal de mer qui me reprend. C'est le saisissement, l'émotion! Décidément, le perfide élément ne me va pas du tout.

# V

Une plaine couverte d'herbes, à quelque distance de la mer, entre Cherchell et Tenès, au milieu de laquelle est un gros bouquet de figuiers, à côté d'un marabout en ruines.

JOSEPH MEUNIER, M. SAMUEL SCHERER, M. ISIDORE MENARDIER, M. BIZOT ; un matelot, plusieurs Bédouins.

### JOSEPH.

Le capitaine du *Ténare* est un bon diable de nous avoir choisi ce charmant ombrage, pour nous abriter pendant la grande chaleur du jour, et qu'il est obligé de faire de l'eau.

### BIZOT.

Ce lieu champêtre est fort agréable. C'est une excellente occasion de faire sécher mon parapluie.

JOSEPH, riant.

Oh! messieurs que c'est bien cela! Le Bizot est plus beau que nature, il emporte son sac de nuit pour passer une heure ici.

BIZOT.

Certainement et j'ai ma longue vue dans ma poche. En voyage mes effets ne me quittent jamais.

JOSEPH, gambadant, sautant devant lui et lui prenant les deux joues.

Pauvre pouleau, je m'étonne qu'il n'ait pas emporté aussi une bassinoire, pour bassiner son dodo.

(Il fait plusieurs culbutes dans l'herbe, figure plusieurs danses grotesques, à la façon des ouvriers, et finit par monter lestement sur un figuier.)

ISIDORE, s'asseyant à l'ombre.

Ma foi! moi, je vais fumer un cigare.

JOSEPH, au haut d'un arbre.

Ho! hé! ho! hé! les amis, voilà une collation toute trouvée.... Des figues superbes, toutes violettes, la peau fendillée, tant elles sont grosses, et dont le suc s'échappe comme des gouttes de cristal.

BIZOT.

Méfie-toi Joseph, j'ai lu dans l'histoire des voyages que certaines espèces de ces fruits sont très vénéneuses.

SAMUEL.

Oh! je vous réponds de celle-ci. Elles sont excellentes. C'est ce que l'on vend à Paris pour des figues de Smyrne.

JOSEPH, toujours sur l'arbre.

Ma foi! j'en ai déjà risqué trois, si c'est du poison, il est bien doux. Ho! hé! tendez les mains. A vous l'haricot.

(Il jette des figues. Samuel, Bizot et Isidore les ramassent.)

BIZOT, en dévorant plusieurs.

Elles sont parfaites.

(Joseph descend. Tous quatre s'asseyent en groupe sous le massif d'arbres et mangent des figues.)

##### JOSEPH.

Voilà le second repas champêtre que je fais en Algérie... Le premier sur un plateau de l'Atlas, sur le bord de l'Oued-Chiffa... Le second plus frugal, sur le bord de la mer, en vue de l'Oued-Chélif, le dos au Merjejah.

##### BIZOT.

Cette vallée est délicieuse. Elle me rappelle celle de Montmorency.

##### JOSEPH.

Excusez, si vous comparez la Méditerranée au lac d'Enghien.

##### BIZOT.

Parbleu! c'est plus grand, je ne dis pas le contraire.

##### JOSEPH.

Vous qui connaissez le pays mieux que votre *pater*, maître Samuel, sommes-nous encore bien loin de Tenès?

#### SAMUEL.

Nous avons doublé Bresk, nous sommes en vue de Dalmous. Nous devons être arrivés demain matin d'assez bonne heure.

#### ISIDORE.

Croyez-vous que nous y trouverons des cigares passables? je suis à sec.

#### SAMUEL.

Tenès n'est qu'un misérable trou. Mais le passage de l'armée a dû y amener force cantiniers et pourvoyeurs. Nous n'y manquerons de rien.

#### BIZOT.

Et croyez-vous, mon cher monsieur, que nous ne courions aucun danger en cet endroit? Cela me paraît bien désert; car on ne peut pas considérer comme une habitation cette bicoque aux trois quarts détruite.

SAMUEL.

Pour vous parler franchement, nous sommes en plein pays de Kabyles. Mais on les a si bien pourchassés jusqu'au-delà du fleuve, que je ne crois pas que nous en voyions. Pour ma part, chargé de quelques fournitures pour la maison Lacrouts, voilà quatre fois que je fais ce voyage depuis le commencement de l'expédition, et je n'ai jamais fait aucune rencontre fâcheuse. Il n'en était pas ainsi au commencement de l'automne dernier, à l'époque du fameux voyage de ma compatriote, mademoiselle Olympe Gorinflot, de Marseille, qui a presque fait naufrage sur cette côte, que les kalifats de l'émir tenaient jusqu'à Rumen-Abid.

JOSEPH, gaîment.

Comment, vous avez des demoiselles qui font l'état de commis-voyageur?

##### SAMUEL.

Ce n'est pas cela. La demoiselle en question est de famille patricienne.., une femme forte, une savante, un bas-bleu, comme on dit en style parisien, et je vous conterai volontiers cette petite anecdote, pendant que nos hommes d'équipages font de l'eau.

##### JOSEPH.

Volontiers, maître ; je suis plus gourmand d'anecdotes que M. Bizot ne l'est de macarons et de figues. J'en ai déjà un petit recueil, dont j'espère tirer profit plus tard.

##### SAMUEL.

Vous saurez donc, messieurs, que mademoiselle Olympe Gorinflot, de Marseille, est ce qu'on appelle vulgairement un beau brin de fille, qui va bien sur vingt-huit ans aujourd'hui, quoiqu'elle n'en accuse que vingt-quatre.

Rien n'a été négligé pour son éducation ; elle a les connaissances les plus étendues en géographie. Elle possède toutes les montagnes d'Asie sur le bout du doigt. Elle a parcouru tous les fleuves, depuis l'Euphrate jusqu'au Borysthène, depuis le Mississipi jusqu'à la rivière des Amazones. Elle n'a pas négligé les langues étrangères. Elle sait quelque peu d'espagnol. Elle a commenté la *divina comedia* du Dante. Encore enfant, elle lisait les voyages de Gulliver et ceux du capitaine Cook, dans l'original.

Le torrent de romans maritimes qui est venu inonder notre jeune littérature depuis une dixaine d'années a poussé le goût de mademoiselle Olympe pour les voyages, jusqu'à l'enthousiasme.

Sa bibliothèque et sa tête ne sont remplies que de nos navigateurs modernes: M. Édouard Corbière est son écrivain privilégié ;

M. Eugène Sue est son Benjamin, grâce à *Plick et Plock* et à son *Histoire de la marine française*. Mais sir Fénimore Cooper est son Dieu. Elle sait par cœur *le Pilote*, *les Pionniers* et *le Corsaire rouge*. Elle a fait un commentaire sur *le dernier des Mohicans*.

Elle dédaigna l'alliance d'un riche fabricant de savon et celle d'un médecin célèbre, déclarant que si elle consentait jamais à perdre sa liberté, ce ne serait qu'en faveur d'un capitaine de vaisseau ou d'un contre-amiral.

On s'étonnait qu'une jeune personne, aussi essentiellement nautique, ne se fût pas encore donné le plaisir de faire une traversée et de voir au moins une fois la pleine mer, autrement que dans ses livres.

Quelques-uns lui proposèrent le passage à Alger sur les beaux navires à vapeur de la compagnie Bazin. Mais elle annonça le plus profond mépris pour ce genre de navigation, trop commode, trop peu accidenté, et qui n'avait pas plus de charmes pour elle qu'une course en diligence. Il lui fallait au moins une corvette avec tous ses agrès, ses dunettes, ses haubans, ses mille cordages, son grand mât, son beaupré, son artimon et son perroquet. Elle ne voulait pas moins de cent hommes d'équipage et vingt canons à bord.

Un armateur allié à sa famille, lui offrit l'occasion qu'elle cherchait, chargé du commandement du brick le *Lézard*, qui devait faire voile pour l'Afrique, et lui proposa galamment de l'embarquer.

Les cancanières de la rue de Rome ont prétendu que c'était un moyen détourné de faire la cour à cette fière beauté, si peu terrestre.

Mademoiselle Olympe fut flattée de l'offre séduisante que lui faisait son jeune parent. Le *Lézard* lui plaisait parce qu'il avait quelque similitude avec *la Salamandre*, et elle s'embarqua vers le milieu d'octobre dernier ayant pris pour femme de chambre un vieux patron de barque fort expérimenté.

Elle ne manqua pas d'emporter quelques-uns de ses ouvrages favoris, qui pouvaient lui servir de guide, une montre marine, une boussole et un télescope. Car elle avait aussi le dessein d'étudier le ciel d'Afrique, avec un soin particulier.

Les deux premiers jours, à quelques accidents près, conséquences naturelles d'un premier voyage, mademoiselle Gorinflot fut fort satisfaite. Le *Lézard* serpenta dans le golfe de Lyon d'une manière toute charmante. Elle fit connaissance avec le banc de quart, le petit fock et toute la voilure. Elle jeta elle-même le loch à la mer, et eut la jouissance de coopérer à la pêche d'un gros marsouin.

Mais il fallut payer tribut à l'équinoxe.
La mer devint mauvaise, les vents contraires; si bien que le brick le *Lézard*, après avoir tourné, sans pouvoir y aborder, autour des îles Baléares, fut forcé de regagner la haute mer, et se vit, après avoir failli échouer devant la rade de Barcelone, contraint d'aller mouiller tout démâté, tout avarié et prenant l'eau de toutes parts au port de Carthagène.

Les mêmes tempêtes le battirent encore, comme il cherchait à entrer dans la baie d'Oran. Ils furent jetés jusqu'au-delà de Tenès, vers la côte où nous sommes, manquant d'eau et de vivres, et les passagers ne purent mettre pied à terre, attendu que les Kabyles de Berkani tenaient toute la plaine.

Le malheureux *Lézard* se traîna jusqu'à Palma, où il ne put trouver que de faibles secours. Il arriva enfin à Alger, dans un état déplorable, ayant perdu cinq hommes d'équipage et après vingt-deux jours de traversée.

Le courage héroïque de mademoiselle Olympe Gorinflot n'avait pu tenir bon contre tant de désastres et tant de périls successifs. Outre le mal de mer qui l'avait cruellement affectée, elle avait éprouvé tant de secousses et de si grandes terreurs, qu'elle toucha la terre dans un état d'anéantissement presque complet. Une longue fièvre délirante fut la suite de ce voyage malencontreux.

Elle n'était pas encore bien remise à son retour à Marseille qu'elle effectua sur un bateau à vapeur, tant elle avait pris en grippe toute espèce de brick ou de corvette.

La mer est devenue sa bête noire. La collection des romans maritimes a été impitoyablement brûlée, jusqu'aux poissons, pour lesquels l'infortunée voyageuse a pris un dégoût invincible.

Rien qu'à entendre parler de vaisseau, elle éprouve des nausées, comme si elle était en butte au balancement incommode du roulis. Il n'est plus question pour elle de matelots, de capitaines, et de contre-amiral, et ses voisins la croient un peu frappée au cerveau, tant son antipathie pour les voyages et les voyageurs est devenue exagérée. Elle traite *Saint-Jean le Matelot* de mécréant; et l'honnête *Robinson*, de mauvais sujet.

On croit généralement à Marseille que si mademoiselle Olympe Gorinflot périt, ce ne sera pas dans un naufrage.

ISIDORE.

Eh bien! si votre voyageuse eût seulement fumé quelques cigares ou de bon tabac de Maryland, elle ne se serait pas trouvée aussi incommodée.

#### JOSEPH.

Je ne suis pas tout à fait de votre avis. Je crois que la pipe est un auxiliaire du mal de mer au lieu d'en être le palliatif. Mais, mon cher commis-voyageur, vous qui faites dans les esprits, comme vous avez eu la bonté de me le dire et qui allez jusqu'à Tlemcen pour en vendre, n'auriez-vous pas quelque chose de mieux à nous conter pour charmer notre loisir, que de nous parler toujours de cigares.

#### BIZOT.

Le fait est que c'est peu récréatif, surtout pour les gens qui ne fument pas.

#### ISIDORE.

Si fait, parbleu ! mon gentil Parisien. Je peux même vous régaler d'une historiette de fraîche date, dont j'ai en quelque sorte été témoin ; car l'aventure est arrivée à un de mes meilleurs amis, qui fait dans les esprits comme moi...

JOSEPH, bas à Samuel.

Sans que cela paraisse.

ISIDORE.

Et qui voyage pour une des plus fortes maisons de Montpellier, un brave garçon, ma foi ! un nommé Lambert, que nous appelons Alcibiade, à cause de sa belle chevelure..... Tenez, il m'a apporté de Toulon des cigares corses qui ne sont pas fameux, et très durs à fumer, parce qu'on les met en paquets en forme de boule et qu'ils sont tordus comme des cors de chasse...

Nous disions donc qu'Alcibiade, qui commence toujours sa tournée par les environs, après avoir exploré Nîmes et Beaucaire, était allé courir Tarascon.

Comme toutes ces localités sont assez voisines et qu'un chemin de fer les rapproche encore, il avait trouvé moyen de faire sa triple visite et même de donner un coup de pied au pont du Gard.

Tout autre que moi, messieurs, ne manquerait pas de vous faire ici une pompeuse description de cet aqueduc renommé, de vous promener dans Nîmes à travers l'amphithéâtre romain, les magnifiques jardins et les bains de Diane, qui conduisent à la tour Magne, sans oublier la Maison-Carrée. Puis vous amenant par le chemin de fer sur les bords du Rhône, un commis-voyageur comme il y en a tant, ne manquerait pas de vous faire aller jusqu'au bout de cette immense allée de platanes, où se tient la célèbre foire de Beaucaire, couronnée par un mamelon de roches, sur lequel s'élève un beau donjon gothique.

Nous laisserons tout cela et nous nous rendrons avec notre ami Alcibiade dans la vieille ville de Tarascon, aujourd'hui bien peu florissante, qui n'est séparée de Beaucaire que par un gigantesque pont de fer, et qui n'a de son antique puissance que son vieux château féodal, dont les énormes murailles se baignent dans le fleuve.

Alcibiade Lambert, très fatigué de sa journée et devant partir le lendemain au point du jour pour Avignon, s'était couché de fort bonne heure. Il avait toujours un des meilleurs lits de l'hôtel des Empereurs, chez Monier, qui avait l'habitude de le traiter en client distingué.

A peine mon gaillard était-il dans la douce rêverie de son premier sommeil, qu'un voisin de chambre, séparé de lui par une simple cloison, commença à chanter d'une voix de Stentor, et en faussant cruellement, tous les morceaux de *Zampa*, du *Pré-aux-Clercs* et de la *Dame Blanche.*

Comme il recommençait : *Ah! quel plaisir d'être soldat!* avec d'atroces variations, sans que l'ami Alcibiade eût dit *bis*, ce dernier qui n'avait que quelques heures de sommeil devant lui, frappa légèrement à la cloison, pour engager le chanteur à remettre ses vocalises à un autre temps. Mais le malicieux voisin, au lieu de faire droit à la requête, recommença de plus belle, donnant carrière à son baryton retentissant.

Il passa successivement de *Robert le Diable* à la *Juive*, et de la *Reine de Chypre* à *Charles VI*. Et sur un second avis que lui donna notre pauvre camarade à travers la muraille, il passa aux fioriture d'*Il Barbiere* et de *la Norma*, écorchant tout vifs nos plus illustres *maëstri*.

C'était peine perdue que de vouloir imposer silence à cet impitoyable braillard. C'était une mauvaise affaire que de lui chercher querelle, car notre mignon Alcibiade l'avait entrevu à la table d'hôte, et c'était un gaillard de stature athlétique, dont les poignets devaient être aussi robustes que les poumons. Ce concert vocal intempestif dura deux bonnes heures, pendant lesquelles mon collègue débitant d'esprit ne put fermer l'œil, et quand les chants cessèrent, l'impatience et le dépit lui avaient enlevé l'envie de dormir. Si bien qu'après s'être tourné et retourné vingt fois sur sa couche, il se décida à sauter à bas du lit, il se mit à refaire sa malle et à visiter ses échantillons, pour occuper du moins son insomnie forcée, maudissant *le Barbier*, *la Norma* et par-dessus tout leur déplorable interprète.

Mais tout en explorant ses gilets, tout en énumérant ses chemises fines, notre loustic de Tarascon s'aperçut que son voisin le chanteur, épuisé, égosillé ou à bout de son répertoire avait lui-même cédé au sommeil. Un bruit sourd comme celui d'un soufflet de forge rouillé trahissait le dormeur.

C'était l'heure de la vengeance.

Perfide comme Ulysse, mon camarade Lambert, marchant doucement sur la pointe du pied, sortit de la chambre et alla frapper rudement à la porte du vocalisateur, qui, réveillé en sursaut, s'écrie :

— Hein ! qu'est-ce que c'est ? qui est là ?

— Monsieur, c'est le barbier qui vient pour vous raser, dit Alcibiade en forçant son accent provençal. On m'a dit de venir de bonne heure, que vous partiez de grand matin.

— Eh ! non, ce n'est pas moi, imbécile.

— On m'a pourtant bien dit N°. 15.

— C'est une erreur, allez au diable !

Content de son premier succès, mon confrère rentra sans bruit dans sa chambrette et continua tranquillement l'opération qu'il avait commencée. Quand sa malle fut bien tassée, bien fermée, bien ficelée, il fit monter un garçon de l'hôtel pour porter son bagage jusqu'à la voiture, car le jour commençait à poindre.

Déjà le voisin avait repris son sommeil, ses sonores ronflements le témoignaient assez. Cela combla de joie mon vindicatif camarade. Car comme il suivait le garçon, son manteau sous le bras, sa casquette sur la tête, il alla frapper de nouveau au N°. 13, qui fit un bond de sept pouces dans son lit, croyant que c'était le tonnerre qui entrait chez lui par la fenêtre.

— Monsieur, c'est le barbier, dit mon cauteleux ami. Je viens pour vous raser, on m'a dit de venir de grand matin. C'est bien ici le N°. 15.

— Stupide animal! je n'ai pas besoin de barbier! va-t-en bien vite ou je te rosse d'importance.

Notez, je vous prie, que le rival de Baroilhet avait une barbe de bouc dont il n'était point jaloux de se défaire.

— Excusez, monsieur, c'est pourtant bien ici le n. 15.

Les f... et les b... annoncèrent que le susdit numéro entrait en fureur. Alcibiade s'esquiva; quelques minutes après il était en voiture, dans l'une de ces longues carrioles, demi-coucou, demi-patache, demi-omnibus, qui desservent les villes intermédiaires du midi, et qu'on a bien de la bonté d'appeler diligences. Tout pressé qu'il était, notre voyageur attendit 25 bonnes minutes avant que le cocher ne montât sur son siége et que les chevaux se missent en mouvement.

On part enfin de ce trot modéré qui est l'allure habituelle des coursiers provençaux. Mais ô hasard! ô fortune! ô vengeance! volupté des dieux et des commis-voyageurs! un honnête perruquier du voisinage ouvre paisiblement sa boutique. Il fallait saisir l'occasion aux cheveux.

— Eh! eh! mon brave homme! lui cria Alcibiade, courez vite à l'hôtel des Empereurs, chez Monier, chambre N°. 15, un de mes amis vous attend pour le raser. Faites vite, il part dans un quart-d'heure.

— *Soubitò! soubitò! moussu*, répondit le Figaro languedocien en achevant d'ouvrir ses volets.

La voiture n'avait pas fait vingt tours de roues que l'infernal Lambert vit cet infortuné, sa trousse à la main, son plat à barbe sous le bras, courir à toutes jambes dans la direction de l'hôtel des Empereurs. Il eût donné sa commission de deux pipes d'eau-de-vie pour pouvoir jouir du spectacle qu'il se figurait en imagination, et le baryton aux prises avec le barbificateur.

Il apprit en effet quelques jours après à la table d'hôte à Roquemaure, qu'un démêlé sanglant avait eu lieu chez l'hôtelier Monier, de Tarascon, qu'il y avait eu un plat à barbe cassé, force coups de poings distribués, et que le vainqueur de cette lutte, dont on ne pouvait même pas soupçonner le motif, en avait eu pour 20 francs de dommages et intérêts envers le perruquier Caderousse, sa victime, qui, moyennant cette somme, avait consenti à assoupir l'affaire.

JOSEPH.

Bravo! bravo! la farce est très bonne, et je vous promets que je ne l'oublierai pas.

SAMUEL.

Voyons donc, est-ce que ce brave M. Bizot n'a pas aussi quelque petit conte à nous faire. Voilà nos gens qui reviennent avec leur provision d'eau; nous ne tarderons pas à nous remettre en route.

BIZOT.

Eh! bon Dieu! je ne sais rien de bien nouveau, mes chers messieurs, la vie d'un bureaucrate qui vient d'être mis à la retraite, est bien peu chargée de souvenirs et d'événements. Je faisais une réflexion tout à l'heure, et que je ne suis pas fâché de vous soumettre, à vous, monsieur Samuel, qui habitez depuis longtemps ce pays. Est-ce qu'il ne serait pas à propos et dans l'intérêt de la colonisation d'établir à Alger un petit Mont-de-piété?

SAMUEL.

Mais je ne vois pas que cela soit bien nécessaire, l'usure a déjà eu la balle trop belle dans notre pauvre colonie, sans que le gouvernement vienne s'en mêler.

JOSEPH.

Laissez-donc, père Bizot. Cela a beau être votre ancienne administration ; le Mont-de-Piété qui était peut-être une bonne chose dans le principe, quand M. Devismes, ancien directeur de l'Opéra, l'a inventé, est devenu un fléau pour les pauvres gens.

BIZOT.

Qu'oses-tu dire, polisson que tu es! vas-tu dénigrer une institution toute de philanthropie et de bienfaisance.

JOSEPH.

Elle est gaie votre bienfaisance, à treize

pour cent en prêtant sur gage et au tiers de la valeur réelle. Et un particulier qui ferait de la philanthropie comme cela en aurait pour ses petits deux ans, sans compter l'amende et le casse-noisette.

SAMUEL, se levant.

Ah! mon Dieu! voilà tous nos hommes qui courent vers le rivage, comme s'ils étaient poursuivis.

BIZOT, se levant.

Qu'est-ce que vous me dites-là?

JOSEPH, faisant un bond en avant.

Ah bah!

UN MATELOT, accourant effaré.

Vite, sauvez-vous, sauvez-vous... voilà les Arabes! c'est la bande de Bou-Hamedi.

ISIDORE.

Diable! filons provisoirement. Je ne fais pas d'esprit avec ces gens là.

SAMUEL.

Gagnons la chaloupe.

JOSEPH.

Courez donc, père Bizot.

BIZOT.

Je n'ai plus de jambes.

JOSEPH.

Les gredins! les voilà! chaud donc! un peu de courage.

BIZOT, se laissant tomber.

Je suis mort.

SAMUEL, cherchant à le relever.

Revenez à vous, ne perdez pas la tête, donnez-moi la main.

(Il veut le porter; mais les Bédouins arrivent, les entourent et les saisissent. Isidore Menardier a déjà gagné la barque. Joseph, qui est arrivé jusques sur la planche, revient sur ses pas, espérant délivrer ses amis. Un grand Kabyle vient à lui. Il prend son élan et saute par-dessus. Un second vient pour lui barrer le passage, il lui ouvre brusquement sous le nez le parapluie de Bizot, et le fait fuir épouvanté. Il se jette alors sur les cinq qui emmènent Bizot et Samuel, en les tiraillant. Il leur passe la jambe et les renverse tous par terre. Délivrés pour un moment, Samuel et Bizot cherchent à gagner le rivage. Mais des Bédouins, tant à pied qu'à cheval, arrivent en force et les saisissent tous les trois, malgré la résistance opiniâtre de Joseph et de Samuel. Quelques coups de fusil partis de l'embarcation blessent deux des agresseurs. Ils ne s'en éloignent pas moins avec leurs captifs.

## VI

*Un chameau en marche, escorté de Bédouins à cheval.*
JOSEPH *sur le cou*, BIZOT *entre les deux bosses*,
SAMUEL *sur la croupe.* DES BÉDOUINS.

JOSEPH.

Ah! ça, voyons, soyez donc Français, père Bizot, ne pleurez pas, ne gémissez pas comme une poule qui a perdu son couteau.

BIZOT.

Qu'est-ce qu'ils vont faire de nous? mon Dieu!

SAMUEL.

Consolez-vous, mon cher monsieur Bizot, il faut faire contre fortune bon cœur.

BIZOT.

Ils vont nous couper en morceaux, nous empaler peut-être. Ces gueux-là sont capables de tout.

SAMUEL.

Aucun de nous n'est assez important pour pousser leur vengeance à la cruauté.

BIZOT.

Ils sont dans le cas de nous vendre à Mouléï-abd-el-Rahman, l'empereur de Maroc, qui est leur ami intime.

JOSEPH.

Eh bien ! vous êtes sans place à présent. En voilà une toute trouvée.

BIZOT.

Sans-cœur, peux-tu rire ainsi de notre infortune. Oh ! oh ! le trot de ce chameau est insupportable ; quelle horrible manière de voyager. Jusqu'à mon pauvre parapluie qu'ils ont fait prisonnier aussi, et qui est là, entre les mains d'un de ces vilains sauvages cuivrés.,.

JOSEPH.

Cessez donc vos jérémiades, tout cela ne nous avance à rien.

BIZOT.

Mon cher monsieur Samuel, vous qui savez la langue de ces barbares, dites leur donc qu'ils me le rendent. Mon habit à été mis en pièces, ma casquette foulée aux pieds; cela me garantirait au moins du soleil.

(Samuel dit quelques mots en arabe à celui qui porte le sac et le parapluie de Bizot.)

JOSEPH, se retournant.

Mais oui, on te demande de rendre son parapluie à ce brave homme, grand escogriffe. Tenez, il le retourne et l'examine de tous les côtés pour s'assurer que ce n'est pas une arme dangereuse. Imbécile, va!

(On rend le parapluie à Bizot, qui le presse sur son cœur.)

## BIZOT.

Merci, Bédouin, je vois avec plaisir que vous possédez une âme compatissante.

A Samuel. Dites lui que je lui donnerai une pièce de cinq sous toute neuve.

A son parapluie. Pauvre ami, tu m'es donc rendu, tu as donc aussi été victime d'une guerre cruelle et désastreuse. Holà! holà! j'aurais préféré cent fois monter sur un âne.

## JOSEPH.

Si vous croyez que je suis à mon aise, moi, sur le cou de ce grand Nicodème d'animal, qui me fait aller en haut et en bas, comme une balançoire.

## BIZOT.

Cela n'empêche, mon bon petit Joseph, que tu as déployé un courage héroïque dans cette circonstance. Tu t'es sacrifié généreusement, hélas! pour ne pas sauver ton vieux voisin. Mais tu mérites la croix, je te la ferai avoir, si je ne suis pas tué et si je revois jamais notre belle capitale. Je rendrai compte aux chambres de ta belle action, j'irai aux pieds du trône, s'il le faut.

JOSEPH.

Maître Scherer, demandez-leur donc où ils nous conduisent.

SAMUEL, en arabe qu'il traduit ensuite en français.

Dis donc, toi, grand Kabyle, sais-tu où l'on nous mène comme cela.

LE BÉDOUIN.

Toujours tout droit.

SAMUEL.

Cela me fait cet effet-là; mais où allons-nous?

LE BÉDOUIN.

Où la route nous mène.

SAMUEL.

Pourquoi faire?

LE BÉDOUIN.

Par but de promenade.

SAMUEL.

Est-ce bien loin ?

LE BÉDOUIN.

Quand nous serons arrivés, le chemin sera fini.

JOSEPH, furieux.

Ah! ils font des mots ; farceur d'amour, va ! tu as l'air d'une chauve-souris à cheval. Mais dites-leur donc que c'est de la canaille, que je me moque d'eux, et que si nous avions été armés, pas un de leur bande de brigands ne marcherait sur ses jambes.

SAMUEL.

J'aime mieux leur dire qu'ils sont charmants, que leur compagnie nous est fort agréable. Le vinaigre ne vaut rien pour attraper les mouches.

JOSEPH.

C'est une indigne lâcheté. Au bout du compte que pensez-vous de tout cela? Que peut-il nous arriver de pis? Ce n'est pas pour moi que je crains, c'est pour ce pauvre papa Bizot, que j'ai entraîné dans ce mauvais pas sans le vouloir.

BIZOT, soupirant.

Oh! très mauvais, archi-mauvais; je suis contusionné des deux côtés. Je suis sûr que j'en aurai une descente.

SAMUEL.

Hum! hum! à vous parler sans feinte, nous n'avons rien de bon à espérer. Il paraît que nous sommes entre les mains d'une des tribus de Bou-Hamedi, un sauvage Califat, fanatique d'Abd-el-Kader. Il a insurgé et ravagé tout l'ouest de Cherchell. Nous aurions eu peut-être meilleur marché de Berkani et de Sidi-Embarrack, qui tiennent la plaine entre le Chélif et la Mina.

**BIZOT.**

C'est un fait. Nous sommes perdus! Dieu! que ce chameau est dur! je suis abîmé. Soutenez-moi tous les deux, mes bons amis. Oh! ma pauvre rue Pastourel, ma petite rotonde du Temple, où êtes-vous? Et toi, mon pauvre collègue Pégriot, que fais-tu, toi qui n'as rien à faire? Tu joues aux dominos au café du Cirque, ou tu regardes les assauts de billard au Jardin-Turc. Et moi, je suis avec les Turcs véritables, les mécréants plus laids que ceux de la *Cocarde Tricolore*, aux Folies-Dramatiques! Me voilà joli garçon; mon habit a été déchiré par ces cannibales! demandez-moi de quoi j'ai l'air, écrasé ainsi entre deux bosses, tortues et poilues, avec ce burnous qui sent le tabac et la chandelle! Ah! si on me reprend jamais à voyager...

en Afrique surtout... et à manger des figues...

JOSEPH.

Décidément, père Bizot, vous nous sciez avec vos complaintes. Vous voilà comme mademoiselle Olympe Gorinflot, de Marseille.

SAMUEL.

Je fais une triste réflexion, messieurs, c'est que nous n'en serions peut-être pas là, si les Français avaient tout de suite compris le courage et le dévouement de Yousouf, si, au lieu d'en faire tout bonnement un officier de cavalerie, ils eussent placé ce brave Corse à la tête des affaires, comme grand cheick, premier aga ou émir, l'entourant aussi de prestiges, de dévots Musulmans, ils l'auraient opposé, je pense, avec succès à Abd-el-Kader. Il serait trop tard aujourd'hui pour en venir là.

##### JOSEPH.

Regardez donc, maître, il me semble que je vois là-bas à peu de distance d'une rivière, une vingtaine de tentes et une fourmilière de Kabyles.

##### SAMUEL.

Précisément, c'est le camp de Bou-Hamedi.

##### BIZOT, s'évanouissant.

Bou-Hamedi! Ah! je me trouve mal.

##### JOSEPH.

Ouf! Prenez donc garde, père Bizot, vous allez me faire tomber.

##### SAMUEL.

Je le soutiens; mais j'ai peur qu'il ne m'échappe.

##### JOSEPH, aux Arabes.

Arrivez donc, vous autres, tas de coquecigrues. Aidez-nous au moins à le descendre. Si ce pauvre vieillard tombait, il se briserait la tête sur votre route caillouteuse.

# VII

La tente du califat Bou-Hamedi sur les bords de l'Oued-Chelif, au pied du Djebel-Merjejah.

BOU-HAMEDI, HADJ-ALI, SID-MOHAMMED; puis, JOSEPH MEUNIER, BIZOT et SAMUEL SCHÉRER.

(Bou-Hamedi est assis sur plusieurs nattes, les jambes croisées, une longue pipe à la bouche. Sid-Mohammed se tient près de lui, appuyé sur un long fusil. Hadj-Ali vient d'entrer dans la tente et se tient dans une posture respectueuse devant le chef.)

#### BOU-HAMEDI.

Sois le bien-venu, Hadj-Ali; tu m'amènes des prisonniers francs. La capture est-elle bonne! sont-ce des chefs ou des soldats.

#### HADJ-ALI.

Ni l'un ni l'autre, maître. Et je ne sais pas au juste ce qu'ils sont. Je n'ai pas encore vu d'uniforme dans ce genre. Il y en a un grand qui pleure toujours et qui ne me paraît pas très brave. Le plus jeune, qui a comme une robe bleue à manches pareilles par dessus son habit, est très féroce. Nous avons eu beaucoup de peine à le prendre. Il s'est défendu en Shiltan *. Il se démenait, il se tortillait comme un petit serpent. Il a sauté par-dessus le plus grand de mes Kabiles, comme une gazelle. Il a fait peur à plusieurs autres avec une espèce de grand ballon, qui s'ouvre et se referme par une mécanique, et il en a jeté cinq ou six par terre d'un seul coup, quoiqu'il n'eût ni armes ni bâton.

###### BOU-HAMÉDI.

C'est quelque jeune chef franc intrépide, comme ils le sont presque tous.

###### SID-MOHAMMED.

Son costume est sans doute celui du corps des Spahis.

*Démon, lutin.

HADJ-ALI.

Je l'ai menacé de mon pistolet. Il m'a fait une affreuse grimace, en mettant ses deux mains à la suite l'une de l'autre sur son nez.

BOU-HAMEDI.

C'était un signe qu'il voulait se rendre de bonne grâce.

HADJ-ALI.

Pas trop; car quand nous nous sommes emparés de lui, il m'a donné d'affreux coups de pied dans les jambes et m'a mordu l'oreille au point qu'il en a emporté un morceau.

BOU-HAMEDI.

Il t'en reste encore assez. C'est bien.

HADJ-ALI.

Le troisième m'a l'air d'un Juif algérien. Il parle assez bien l'arabe.

BOU-HAMEDI.

Qu'on m'amène sur l'heure ce jeune Franc

et ses compagnons. Je veux voir s'il sera aussi audacieux en ma présence.

(A un signe d'Hadj-Ali, la tente s'ouvre. Joseph, Bizot et Samuel y sont amenés par des Arabes armés. Joseph entre fièrement, la tête haute et en chantant la Marseillaise.)

### JOSEPH.

Vive la Charte! vive le roi!

> Allons, enfants de la patrie,
> Le jour de gloire est arrivé;
> Contre nous de la tyrannie,
> L'étendard sanglant est levé,
> L'étendard sanglant est levé.

(Sid-Mohammed fait l'office d'interprète et traduit ce que dit Joseph à mesure qu'il parle. Samuel-Scherer en agit de même à l'égard de Joseph.)

### BOU-HAMEDI.

Tu m'as l'air bien éveillé, mon gaillard.

### JOSEPH.

Tiens cette farce! Je n'ai jamais passé pour endormi.

### BOU-HAMEDI.

Sais-tu que c'est me manquer de respect que de chanter en ma présence? sais-tu qu'en ma qualité de califat, je suis une des lumières, une des étoiles de la foi?

JOSEPH.

C'est donc cela que tes abonnés n'y voient pas plus clair que des taupes.

BOU-HAMEDI.

Qui es-tu? réponds.

JOSEPH.

Enfant de Paris, Français, ci-devant gamin et bâtonniste au service de la société.

BOU-HAMEDI.

Nous ne connaissons pas cette profession-là.

SID-MOHAMMED.

Nous n'en avons jamais entendu parler.

JOSEPH.

Ni du chausson, ni de la savatte; vous n'êtes pas forts. Ah! estimable, utile dans l'occasion! et la manière de s'en servir, voilà.

(Il saisit un grand bâton en manière d'étendard, fait le moulinet, tape à gauche et à droite, cogne et renverse une demi-douzaine d'Arabes.)

BIZOT, qui a reçu un coup de bâton.

Joseph, Joseph, je n'en suis pas.

JOSEPH.

L'histoire est de servir chaud.

BOU-HAMEDI.

Voilà un coquin bien hardi, de battre mes gens devant moi et dans ma propre tente.

JOSEPH, inspectant la localité.

Oh! propre! c'est encore une question. On a vu mieux que cela en fait de taudis.

BOU-HAMEDI.

Cesseras-tu bientôt toutes tes impertinences?

JOSEPH.

Vous me faites l'effet d'être tous un tas de cornichons et de blagueurs.

BOU-HAMEDI.

Mais tu oublies donc, petit giaour, que tu es en ma puissance...

JOSEPH.

Du flanc!

BIZOT, le tirant par sa blouse.

Joseph, Joseph, tu vas nous mettre dans de mauvaises affaires.

BOU-HAMEDI, bas à Sid-Mohammed.

Qu'est-ce qu'il dit?

SID-MOHAMMED.

Je ne comprends pas trop.

BOU-HAMEDI.

Sais-tu que je n'ai qu'un mot à dire, un geste à faire et que ta tête va rouler à mes pieds?

JOSEPH.

De la blague!

BOU-HAMEDI.

Mon interprète ne connaît pas ce mot-là.

JOSEPH.

C'est qu'il n'est qu'un Jobard, il ne sait pas le français.

SID-MOHAMMED.

Jobard!... il injurie le prophète; il insulte le Coran.

BOU-HAMEDI, se levant et jetant sa pipe de colère.

Il insulte le Coran! par Mahomet! qu'il meure à l'instant même!

SAMUEL.

Vois son âge, Bou-Hamedi. Aie pitié de sa jeunesse.

BOU-HAMEDI.

A-t-il 2000 boudjous pour se racheter?

JOSEPH.

Il me reste deux cent neuf francs soixante centimes.

BIZOT, vivement.

J'offre de lui avancer cinquante écus.

BOU-HAMEDI.

Dans ce cas, qu'on lui coupe la tête sur-le-champ, et aux deux autres par-dessus le marché.

##### BIZOT.

Grand Dieu! mais je n'y suis pour rien, je n'ai jamais insulté le prophète.

##### HADJ-ALI, à haute voix.

Que l'on exécute les ordres du maître.

##### BIZOT.

J'en rappelle, j'en rappelle.

##### SAMUEL, à Joseph.

Vous nous avez perdus par votre imprudence.

##### JOSEPH, un peu abattu.

Pauvres amis, c'est vrai! maudite tête, j'aurais dû penser à eux.

##### BIZOT.

Je dois avoir trois jours pour me pourvoir en cassation.

(Hadj-Ali reparaît dans la tente. Il est suivi de trois exécuteurs noirs, armés de yatagans, qui se prosternent aux pieds du califat.)

BOU-HAMEDI, étendant la main sur eux.

Assel mic *.

(Les trois noirs se placent à distance et tirent leurs yatagans du fourreau. Deux Kabyles s'approchent de chacun des condamnés et les conduisent devant l'exécuteur.)

BIZOT.

Mais c'est une horreur ! Il n'y a donc pas de loi ici, pas de justice, pas de procureur-général.

(Il tombe presqu'en défaillance; on le soutient.)

BOU-HAMEDI, se rasseyant.

Allah ! Allah !

SAMUEL, tendant la main à Joseph.

Adieu, jeune homme, votre courage méritait un meilleur sort. Ma religion à moi commande aussi l'oubli du mal, je vous pardonne.

JOSEPH, agité et très ému.

Pauvres amis !... non !... je vous sauverai.

* Que la paix soit avec vous.

HADJ-ALI, à haute voix.

Qu'on exécute l'ordre du maître.
(Les nègres lèvent leur yatagan ; ils vont frapper.)

JOSEPH, d'une voix forte.

Un moment !... Arrêtez !... Je déclare ici que je suis l'un des fils du roi des Français, qu'un simple aga, un cheick, et fut-ce un pacha, personne n'a le droit d'attenter à ma vie.

BOU-HAMEDI, se relevant.

Tu es le fils du sultan des Francs ?

JOSEPH.

Oui. Et honte et malheur à qui touchera à un des cheveux de ma tête !

BOU-HAMEDI.

Voilà qui est différent et qui change les choses de face.

JOSEPH.

Je déclare en outre que les personnes de

ma suite doivent être également respectées. Le nommé Samuel Scherer ici présent est mon interprète, et M. Bizot Nicolas est mon secrétaire intime et mon trésorier.

BOU-HAMEDI.

C'est bien. Aux exécuteurs. Eloignez-vous.

BIZOT, bas à Samuel.

Qu'est-ce qu'il leur dit là, mon Dieu? par où cela finira-t-il? nous reculons peut-être pour mieux sauter.

SAMUEL, bas.

Du moins nous gagnons du temps.

BOU-HAMEDI.

Fils du roi des Francs, j'aurais dû te reconnaître à ton audacieuse fermeté et à ton courage. D'après la déclaration que tu viens de me faire, tu ne peux demeurer plus longtemps mon prisonnier. Toi et tes compagnons, vous allez être conduits sous bonne escorte, mais avec les égards qui sont dus à un rang élevé, au camp de l'émir, dont la smalah est à El-Ata à l'ouest du pont de L'Oued-Chélif. C'est au saint hadji lui-même à prononcer sur ton sort.

JOSEPH, fièrement.

J'y consens.

BIZOT, à part.

A-t-il un aplomb! haut. Je demande que mes effets et mon parapluie me soient rendus.

BOU-HAMEDI.

Sid-Mohamed, tu accompagneras toi-même mes captifs. Tu ne les remettras qu'à Abd-el-Kader lui-même. Qu'ils soient traités avec égards et respect. Qu'ils ne manquent de rien.

BIZOT.

Je n'exige pas un souper succulent. Toutes ces affreuses scènes m'ont coupé l'appétit. Mais je délare formellement que je ne veux plus aller à chameau.

# VIII

Le camp d'Abd-el-Kader à El-Ata, dans une plaine sablonneuse, semée de ravins et de quelques bouquets d'arbres. Les tentes rangées symétriquement couvrent un assez grand espace de terrain. Celle de l'émir, vers le milieu, est plus haute et plus large que les autres, mais sans plus d'ornements. A droite de la tente, sur un petit monticule, sont deux pièces de canon à affût roulant; plusieurs faisceaux d'armes et des Arabes en vedette. Des deux côtés de la tente, les réguliers rouges sont rangés en bataille. Derrière eux sont rassemblés sans ordre un grand nombre de ses hommes d'infanterie, Kabyles ou Arabes, de tribus différentes. Lui-même est debout à quelques pas en avant de sa tente, un chapelet à la main. Tous les membres de sa famille, hommes, femmes, enfants, sont agenouillés et prosternés auprès de lui. Plus loin, sont plusieurs vieillards et de pieux Musulmans qui font partie de son conseil. A la tête de ces derniers, sont Mouloud-Ben-Harrach, commandant des cavaliers réguliers, Ben-About et Ben-Faka, ses favoris et ses conseillers intimes.

ABD EL-KADER, sa famille, MOULOUD-BEN-HARRACH, BEN-ABOUT, BEN-FAKA; troupes, domestiques, etc. Puis, SID-MOHAMMED, JOSEPH MEUNIER, BIZOT, SAMUEL SCHERER.

### ABD-EL-KADER.

Frères et amis, voici la prière de la cinquième heure. Elevez vos cœurs et vos âmes vers Allah, celui qui tient l'être de lui-même et de qui les autres le tiennent, qui n'engendre point et qui n'est point engendré, et à qui rien n'est semblable dans toute l'étendue des êtres.

LE PEUPLE, psalmodiant.

« Dieu seul est Dieu ! Dieu seul est grand !
« Et Mahomet est son prophète. »

ABL-EL-KADER.

Il ne faut point douter, dit le livre. Le doute est l'ennemi de la foi et la foi est la science des justes, de ceux qui croient aux mystères, aux révélations du ciel, qui prient quand il le faut et qui donnent avec générosité à ceux qui manquent.

LE PEUPLE, de même.

« Dieu seul est Dieu ! Dieu seul est grand !
« Et Mahomet est son prophète. »

ABD-EL-KADER.

Et douteriez-vous de celui qui a dit, au temps de vos premiers pères : « Terre engloutis tes eaux. Ciel, puise les ondes que tu as versées. » Et le ciel et la terre obéirent. Celui qui dit encore : recherchez qui vous chasse, donnez à qui vous ôte, pardonnez à qui vous offense, faites du bien à tous, et ne contestez point avec les ignorants. »

LE PEUPLE, de même.

« Dieu seul est Dieu ! Dieu seul est grand !
« Et Mahomet est son prophète. »

ABD-EL-KADER, s'animant.

Frères et compagnons d'armes. Le prophète continue visiblement à nous protéger. S'il couronne mes efforts et votre courage, le temps s'approche où vous n'aurez plus de maîtres, où vous ne serez plus un peuple conquis, toujours humilié, toujours esclave. Vous deviendrez vous-mêmes, vous deviendrez une nation comme vous l'étiez aux premiers temps du monde. Un de nos anciens rois nommé Jugurtha vous avait rendus forts et puissants. Il résista aux plus grands généraux de la république romaine, Metellus et Marius ; je résiste moi seul avec une poignée de braves au plus puissant roi chrétien, parce que le prophète est en moi et qu'il combat avec vous. Jugurtha fit un peuple, il eut cette gloire. Je l'aurai aussi moi, avec l'aide d'Allah et de son saint prophète.

LE PEUPLE.

Hadgi ! hadgi ! hadgi * !

UN OFFICIER, s'avançant.

On signale à l'entrée du camp un envoyé de notre fidèle allié le califat Bou-Hamedi-Ben-Hamed.

ABD-EL-KADER.

Il peut venir. Je le recevrai.
(Sid-Mohammed est introduit.)

SID-MOHAMMED.

Révérend hadgi, puis-je m'approcher sans offense de ta personne sacrée, pendant

* Saint ! Saint ! Saint !

l'heure de la prière? Je suis chargé d'un message important par mon chef Bou-Hamedi.

### ABD-EL-KADER.

As-tu ordre de me parler secrètement?

### SID-MOHAMMED.

Non, gracieux hadgi.

### ABD-EL-KADER.

Parle donc de la place où tu es et sans m'approcher.

### SID-MOHAMMED.

J'amène avec moi des prisonniers importants, qu'il m'est commandé de ne remettre qu'en tes mains.

(Murmure confus de joie dans le peuple et dans l'armée.)

### ABD-EL-KADER.

Qui sont-ils?

### SID-MOHAMMED.

Le plus jeune des fils du roi des Francs.

ABD-EL-KADER, surpris.

Un fils du roi !

LE PEUPLE, avec explosion.

Victoire ! victoire ! gloire à Allah ?

SID-MOHAMMED.

Il est accompagné d'un kodja et d'un Juif d'Alger son interprète.

ABD-EL-KADER.

Comment a-t-il été pris ?

SID-MOHAMMED.

Près du marabout de Mesrour-Ali, au bord de la mer, sous un déguisement fort simple. Il était séparé de sa suite. Mais je dois le dire ; quoique sans armes, il s'est défendu avec un acharnement incroyable.

LE PEUPLE.

Victoire ! gloire à Allah !

ABD-EL-KADER, élevant la main droite pour imposer silence.

Que toutes les femmes se retirent ; que chacun regagne son poste, que tous mes réguliers montent à cheval, que toute l'infanterie se mette sous les armes. De tel honneurs sont dus à un prince français.

(On exécute ces divers ordres. Joseph suivi de Bizot et de Samuel est introduit au milieu d'un appareil militaire imposant.)

BIZOT, bas à Samuel.

Donnez-moi le bras, mon cher monsieur, je puis à peine me soutenir. Je n'ai pas une goutte de sang dans les veines.

SAMUEL, bas à Bizot.

Nous jouons gros jeu, mais il faut tenir bon. C'est quelque chose que d'avoir encore nos têtes sur nos épaules.

BIZOT, toujours bas à Samuel.

Comment! c'est là ce fameux Abd-el-Kader? ce petit bonhomme avec un capuchon bleu.

SAMUEL.

C'est lui.

BIZOT.

Il a toute la tête de moins que moi.

SAMUEL, bas à Bizot.

Cette simplicité de costume est toute politique et déguise merveilleusement, auprès des siens, ses projets ambiteux :

BIZOT, de même.

Il regarde en dessous, et ses yeux vont de côté et d'autre avec une mobilité extrême. Je le suppose un peu Jésuite. Par exemple il a de toutes petites mains, mais elles sont fort belles.

SAMUEL.

Il a cela de commun avec Bonaparte. Aussi y met-il une certaine coquetterie. Remarquez qu'il les laisse voir volontiers, et que ce rosaire à gros grains, qui pend à son poignet est placé là à dessein pour attirer les regards.

(Pendant ce dialogue, les troupes de pied et la cavalerie ont fait quelques évolutions. Joseph, les bras croisés, sa casquette sur l'oreille, est conduit vers Abd-el-Kader par Sid-Mohammed, entouré de plusieurs officiers Arabes).

ABD-EL-KADER, bas à Mouloud-Ben-Arrach.

Quand je t'ai envoyé à Paris, tu as été admis dans la famille royale. Reconnais-tu bien dans ce jeune homme un des enfants du roi?

MOULOUD.

Je ne saurais le dire. Je n'ai pas vu tous les princes. Et celui-ci à l'époque de mon voyage devait être bien jeune encore.

ABD-EL-KADER.

Il suffit.

JOSEPH, à lui-même.

C'est là qu'il faut être chaud et ne pas perdre la boule.

ABD-EL-KADER, s'avançant vers Joseph, et lui tendant la main.

Prince, ce n'est pas comme mon prisonnier que je te reçois en ce moment. C'est comme mon hôte. Entre donc sans méfiance et sans crainte dans ma tente. Tu y es aussi en sûreté qu'au milieu de tes officiers.

JOSEPH.

Il me semble que ma démarche et ma figure ne témoignent point que j'aie eu peur.

(Les troupes présentent les armes, et font divers saluts militaires. A un signe de l'émir, tout le monde se retire. Joseph entre seul dans la tente, suivi à une certaine distance, de Samuel et de Bizot. La tente se referme.

Abd-el-Kader fait signe à Joseph de s'asseoir sur quelques coussins préparés. Il s'asseoit lui-même sur des nattes recouvertes d'une peau de lion. Les officiers supérieurs se tiennent debout derrière lui.)

ABD-EL-KA ER.

Tu as été pris par un de mes califats?

JOSEPH.

En trahison et par derrière, alors que j'étais presque seul et sans armes.

ABD-EL-KADER.

Il n'y a point de trahison, quand on combat pour la foi et contre les chrétiens.

JOSEPH.

Si telle est la morale de ton culte, elle fait peu d'honneur au prophète.

### ABD-EL-KADER.

Tu es le fils du roi Louis-Philippe?

### JOSEPH.

Oui, comme tous les Français.

### ABD-EL-KADER.

Que pense-t-on de moi à la cour de France?

### JOSEPH.

Que tu es un chef de partisans habile et audacieux; mais parjure à tes serments, infidèle à tes traités. Et non-seulement la cour, mais la France entière rejette sur ta tête seule tout le sang répandu dans cette guerre.

### ABD-EL-KADER.

Je défends ma religion et ma patrie. Je veux rendre la liberté à mes frères opprimés.

### JOSEPH.

Pourquoi donc, ne t'es-tu pas armé contre la barbare tyrannie des Turcs. Sois plus sincère. Avoue qu'une insatiable ambition te dévore ; que la religion est ton masque, et le fanatisme ton arme la plus puissante.

ABD-EL-KADER.

Ne doute-t-on pas parmi les tiens de mon courage personnel ? ne me reproche-t-on pas de me montrer trop peu et de me tenir à l'écart dans l'action ?

JOSEPH.

Personne ne te conteste la bravoure. Tu agis comme tous les chefs de parti, comme tous les sectaires armés. Tu as fait tes preuves d'abord pour arriver au commandement, et maintenant que tu commandes, maintenant que la guerre, c'est toi, tu évites de t'exposer, tu agis sagement.

ABD-EL-KADER.

Que penses-tu que l'on ferait de moi, si je tombais entre les mains des Français ?

#### JOSEPH.

On ne croirait ni à ta soumission, ni à tes paroles. Mais on te laisserait la vie. On te traiterait comme un ennemi valeureux que la fortune a trahi. Et ce peuple que tu entraînes chaque jour à de nouveaux massacres, que tu décimes imprudemment, la France lui donnerait ce qu'il n'a jamais possédé : des villes, du commerce, des arts, la liberté, le bonheur.

#### ABD-EL-KADER, sévèrement.

Jeune Franc, sais-tu que tu me parles avec bien de la témérité.

#### JOSEPH.

Je réponds à tes questions, je dis vrai. M'as-tu interrogé pour que je mente ? Es-tu déjà sultan ? te faut-il des flatteurs ?

#### ABD-EL-KADER.

Et, si voulant user de générosité, de clémence envers celui que j'ai accueilli comme mon hôte, je punissais l'imprudent qui ose m'outrager en face; si, agissant comme le bey de Constantine, comme l'aga de Tlemcen, j'envoyais ta tête au camp français.

JOSEPH, tranquillement.

Tu commettrais une lâcheté inutile; car je ne suis qu'un des derniers sujets du roi; et dès demain j'aurais cinquante mille vengeurs.

( Deux têtes de Kabyles se montrent à l'entrée de la tente. Abd-el-Kader les aperçoit et se lève précipitamment. )

ABD-EL-KADER.

Qu'est-ce ? qui a osé soulever cette draperie, et porter dans l'intérieur de ma tente un regard curieux ou profane?

(Ben-Faka sort de la tente et y rentre presqu'aussitôt.)

BEN-FAKA.

Hadji, l'un de ces hommes est un pauvre mosabite à peu près idiot. L'autre est un kabyle, qui poussé par la curiosité, voulait voir la figure du prince.

### ABD-EL-KADER.

Que l'on conduise le premier aux dernières tentes de la Smalah et qu'on le fasse travailler sans le maltraiter. Quant au second qu'il soit décapité sur-le-champ.

### JOSEPH, vivement.

Je te demande sa grâce. Sa faute est trop légère pour qu'il soit puni aussi sévèrement.

### ABD-EL-KADER.

Point de grâce. Il a manqué à la discipline, il mourra. Et qui sait quel était son dessein? peut-être voulait-il t'assassiner! frapper mon hôte dans ma tente! j'ai dû prévoir cet événement possible; et vingt de mes réguliers veillent sur ta personne.

### BEN-FAKA, qui était ressorti de la tente, y rentre en disant tranquillement à l'émir.

Hada-yassa *.

* C'est assez, c'est fini.

BIZOT, bas à Samuel.

Ah! mon Dieu! il paraît que c'est déjà fini.

SAMUEL, bas à Bizot.

Oh! oh! la justice est expéditive avec ces gaillards-là.

BIZOT, de même.

Quels enragés! que je voudrais être loin d'ici! mais il faut que je sois bête à manger douze picotins d'avoine, pour être venu me fourrer dans cet effroyable guêpier.

ABD-EL-KADER, à Joseph.

Rassure-toi, jeune prince. Je te l'ai dit : tu es mon hôte, tu ne mourras pas. Mieux que cela, dès demain le général gouverneur sera averti de ton sort. Je te rendrai sans rançon, en échange de cinq cents de mes soldats, parmi lesquels je demande que ceux des Beni-Menasser qui travaillent au port d'Alger, soient comptés.

### JOSEPH, souriant.

C'est me mettre à un trop haut prix, je ne vaux pas cela.

### ABD-EL-KADER.

Tu vaux cela pour moi, mon envoyé partira dans une heure.

### BIZOT, soupirant.

Si nous pouvions partir avec lui.

(A un signe d'Abd-el-Kader, la tente s'ouvre, les réguliers sont alignés sur deux rangs. On apporte divers présents au faux prince ; un riche yatagan à fourreau en or, deux paires de burnous en laine fine de Tunis, et un cheval richement harnaché. Une espèce de revue commence. Les troupes défilent devant l'émir, au bruit d'une musique militaire fort bruyante. De jeunes Arabes exécutent ensuite des danses et des combats simulés, par manière de divertissement. A la suite de cette parade, Mouloud-Ben-Harrach vient lui-même engager Joseph et ses deux compagnons à le suivre dans la tente qui leur est destinée.)

### JOSEPH, avec dignité à Mouloud.

Remerciez l'émir, en mon nom, de sa courtoisie.

### BIZOT, bas à Samuel.

Comment tout cela finira-t-il ?

SAMUEL, bas

Il ne faut pas désespérer.

BIZOT, de même.

Je ne vous cache pas que je commence à me sentir un peu d'appétit.

## IX

Une petite tente basse dans le camp d'Abd-el-Kader. Il fait nuit.

JOSEPH MEUNIER, BIZOT endormi, puis SAMUEL.

JOSEPH, se promenant agité.

Me voilà gentil! Et comment me tirer de là à présent... Gardé à vue, pas moyen de fuir... L'envoyé est déjà parti depuis trois heures au moins. Demain tout sera découvert, et ma ruse punie de mort... Voilà qui est clair, comme deux et deux font quatre... Mes pauvres amis périront sans doute avec moi ; c'est ce qui me tourmente le plus. (Regardant Bizot qui dort.) Bon Bizot! pauvre bonhomme! il dort, la fatigue l'a emporté sur la crainte...Il n'a même pas mal soupé du tout. C'est singulier! il me semble moins ridicule, depuis qu'il court du danger. Se promenant de nouveau. Mais que faire? Qu'imaginer? Rien!...Cet honnête Samuel Scherer, notre compagnon de route et d'infortune, ne manque pas de sang-froid et d'habileté. Il m'a dit d'espérer encore. Il a fait un trou dans le fond de la tente et est sorti sans être aperçu en se traînant sur le ventre. Il a été, m'a-t-il dit, sonder le terrain. Je t'en fiche! il ne reviendra pas. Il aura trouvé moyen de se sauver. Il ne pense plus à nous. Il a bien fait au bout du compte... Chacun pour soi... La position n'était pas gaie... Il ne me connaissait pas après tout... C'est cet aimable M. Alphandery, qui m'avait recommandé à lui. Allons! résignons-nous..... A la grâce de Dieu..... Se jetant sur des coussins auprès de Bizot. Et dormons un somme, si c'est possible! ce sera autant de pris sur la triste réalité que j'ai en perspective.

**BIZOT**, rêvant.

Non, non! laissez-moi tranquille.,. Otez-moi tout cela... Je ne veux être ni pachalick, ni mamamouchi.

**JOSEPH**, souriant

Pauvre vieux! il rêve. Il n'est pas en position de faire des songes enchanteurs!...

**BIZOT**, rêvant toujours.

Je vous répète que je n'ai jamais été Turc de ma vie... Retirez-moi donc ce burnous et tout cet attirail. Rendez-moi mon habit cannelle et mon parapluie... Ah! mon Dieu! Qu'est-ce que c'est que cela? Voilà une énorme bosse qui me pousse sur le dos. Je suis changé en dromadaire.

**JOSEPH**.

C'est cet affreux chameau qui lui trotte dans la cervelle.

BIZOT, s'agitant.

Qu'on me la coupe? Du tout, ne coupez rien. Ils sont toujours le couteau à la main, ces antropophages-là !

SAMUEL, se montrant à l'ouverture pratiquée au fond de la tente, et à voix très basse.

Joseph ! Joseph !

JOSEPH, se levant.

C'est lui ! c'est Samuel !

SAMUEL, rampant sur le ventre, et se glissant jusque dans l'intérieur de la tente.

Chut ! chut ! parlez très bas, et éteignez cette lampe, qui nous trahirait. Je vous voyais tout à l'heure vous agiter et vous promener au travers de la tente.

JOSEPH, après avoir éteint la lampe, allant à lui.

Eh bien !

SAMUEL.

J'ai d'assez bonnes nouvelles. Il paraît que l'avant-garde de l'armée n'est qu'à une demi-journée d'ici.

#### JOSEPH.

Ah! ah! mon beau-frère en fait partie.

#### SAMUEL.

Le duc d'Aumale avec cinq cents chasseurs ou spahis, a son bivouac en avant de Goud-Jilah. De plus la smalah de l'émir doit quitter cette place demain et aller s'établir à l'autre extrémité de la plaine vers la source de l'Oued-Tagaïn.

#### JOSEPH.

Et comment savez-vous tout cela?

#### SAMUEL.

J'ai séduit un espion maure, une espèce de palefrenier, qui, si nous sortions seulement d'ici pourrait nous servir de guide.

#### JOSEPH.

Ah! diable! ce serait fameux.

#### SAMUEL.

Je lui ai fait les promesses les plus brillantes. Croyant sauver un prince royal, nous pouvons compter sur son zèle et sur sa bonne foi.

JOSEPH.

Et comment en profiter?

SAMUEL.

Il s'agit de passer seulement devant les premières sentinelles. Il n'y en a que trois derrière la tente. Et l'on a choisi pour nous garder, sinon les plus braves, les plus dévoués et les plus fanatiques.

JOSEPH.

Oh! attendez, je conçois une idée... une véritable farce. Mais c'est mon genre, c'est mon système, et cela réussit quelquefois.

SAMUEL.

Je vous en conjure en ami, point d'imprudence! tout serait perdu cette fois.

### JOSEPH.

Laissez, laissez,
(Il va en tâtonnant jusqu'à l'endroit où est déposé le sac de nuit de Bizot.)

Oh! vertueux Bizoteau homme de précaution! tu seras peut-être notre sauveur.

### SAMUEL, inquiet.

Qu'est-ce donc? que voulez-vous donc faire?

### JOSEPH.

Les petits moyens sont souvent les meilleurs.

### SAMUEL.

Mais encore?...

### JOSEPH.

Enveloppez-vous bien comme moi dans ce burnous. Réveillons le bon homme et partons.

### SAMUEL.

La fuite nous sera plus difficile à trois qu'à deux.

JOSEPH.

Comment! voulez-vous le laisser ici?

SAMUEL.

Il est sans importance, il ne peut lui arriver aucun mal.

JOSEPH.

Merci, votre émir est un trop habile hypocrite. Je ne m'y fie pas.

SAMUEL.

Croyez-moi, profitons de son sommeil. Il peut entraver, compromettre notre fuite.

JOSEPH.

N'importe, sacrifier ce malheureux vieillard, le laisser ici, l'abandonner, jamais!

(Réveillant Bizot.) Papa Bizot, réveillez-vous, nous allons tâcher de changer de rue.

BIZOT, s'éveillant en sursaut.

Hein? quoi! vous êtes des sacripants! je vais vous mordre.

JOSEPH.

De la prudence! enveloppez-vous dans votre grande pelure blanche et ne soufflez pas le mot.

BIZOT, se levant

Ah! c'est toi, mon pauvre Joseph, où sommes-nous donc?

JOSEPH, à Samuel.

Tenez-vous près de moi, vous me soufflerez, s'il en est besoin.

BIZOT.

Il fait noir ici comme dans un four.

JOSEPH, à voix plus basse.

Suivez-nous et ne dites rien.
(Joseph le prend par la main et l'entraîne.)

BIZOT.

Eh bien! et mon sac de nuit et mon parapluie!
(Ils sortent tous les trois par la déchirure pratiquée au fond de la tente.)

La scène se continue au dehors.

JOSEPH, à Samuel.

Non, non, ne vous baissez pas. Il faut payer d'audace et aborder la question franchement.

(Un soldat à moitié endormi, qui les voit sortir ainsi et affublés de burnous, du derrière de la tente, recule épouvanté, Joseph qui tient à la main une petite boîte d'allumettes chimiques, en allume une et la promène jusque sous le nez de l'Arabe.)

LE SOLDAT.

Asch — me — Charda?

JOSEPH, allumant une seconde allumette et marchant droit à la sentinelle, répète ce que lui souffle tout bas Samuel.

Harda — el — Kebbier Shiltan *!

(Il fait passer vivement Bizot devant lui.)

LE SOLDAT, se prosternant.

Halloo! halloo!

---

\* LE SOLDAT.

Qu'est-ce que c'est que cela?

JOSEPH.

Voilà, le grand démon!

LE SOLDAT.

Dieu! Dieu!

JOSEPH, se rapprochant de Samuel et de Bizot et se mettant à leur tête.

Chaud! les amis! la chimie est une découverte superbe. Autant à nos autres imbéciles. Six allumettes à un sou le cent, et nous sommes sauvés.

\* \* \*

Le *Moniteur Algérien* dans un de ses numéros de la fin du mois dernier s'exprimait ainsi :

« Toutes les nouvelles de l'intérieur sont excellentes. Les tribus en masse, fatiguées d'une guerre si longue et si désastreuse, offrent de marcher sous le drapeau français. Cette levée de boucliers semble présager l'expulsion d'Abd-el-Kader et de ses califats qui seront bientôt contraints de gagner le désert; car nul doute qu'après cette expédition couronnée de tant de succès pour nos armes, ils ne trouvent plus en Algérie un seul point pour y mettre les pieds.

« La plupart des prisonniers faits aux Beni-Menasser travaillent toujours à la chaîne, au port d'Alger. Quelques-uns ont été mis à la disposition du commandant Cappone dit Marengo et sont employés à la construction du village Saint-Ferdinand.

« Cette tribu puissante est sans force aujourd'hui, grâce à l'heureuse razzia faite dernièrement par l'allié de la France Sidi-Embareck, aga des Hadjoutes.

« La prise d'un neveu d'Ab-el-Kader est toujours l'objet des conversations dans la capitale de la colonie et a produit un grand effet moral sur les Arabes.

« Par ordonnance royale, Kaddour-Ben-Morfi a été nommé aga des Flithas, et Sy-Abd-el-Kader-Ben-Omar-el-Menasseri, aga des Beni-Menasser, qui ont fait leur soumission.

« Une autre ordonnance royale porte que les recettes et les dépenses de toutes natures des corporations et des établissements religieux seront rattachées au budget colonial.

« En l'absence du gouverneur-général, M. le général de Bar réunira au commandement de la division et du territoire d'Alger, la direction supérieure de l'administration.

« Une lettre de Bône, annonce le succès du corps d'armée confié au commandement de M. le général Baraguay-d'Hilliers. On y rend compte des opérations militaires dans l'est de la régence, et qui ont eu pour résultat la prise de Collo.

« On y lit ces passages :

« Le corps d'armée après avoir formé trois colonnes, marcha à la rencontre des Kabyles réunis en très grand nombre au Sud-Uda et dans la gorge de Hadjar-Hak.

« Le colonel Barthélemy eut un engagement, dès son premier bivouac, à Suck-el-Khamis. Attaqué dans son camp pendant la nuit, le colonel disposa trois compagnies d'élite sous les ordres du commandant Montagnac, leur prescrivant de ne marcher à l'ennemi qu'à un signal parti du camp. Les Kabyles trompés par la sonnerie de la charge qu'ils prirent pour celle de la retraite, se jetèrent sur la colonne et se heurtèrent contre ces compagnies. Une vingtaine restèrent sur le carreau. Nous eûmes onze hommes blessés.

« Les troupes de Philippeville et de Constantine n'entrèrent en pays ennemi que le lendemain.

« Chaque jour jusqu'à leur arrivée dans la vallée de Collo, nos colonnes ont eu à repousser des attaques imprévues, tant des Kabyles Beni-Toufous que des fractions de Beni-Menah. Dans ces fréquents engagements, nos soldats, comme toujours, se sont montrés ce qu'ils sont, pleins d'élan dans les combats, de résignation dans les fatigues. On les a vu suivre en tout le noble et bel exemple que leur ont constamment donné les officiers de tout grade.

« Si l'émir a ses partisans fanatiques, la France compte aussi de nombreux auxiliaires fidèles et dévoués parmi les indigènes. Dans cette campagne, le fils du kaïd des Zerderas nommé Zaiden, vint rejoindre nos troupes avec son bataillon (goum), jusqu'à El-Arouch en traversant le pays des Kabyles insurgés; et les habitants de Collo étaient si bien disposés en faveur des Français qu'ils vinrent au devant d'eux à près de deux lieues de la ville, leur offrant leurs maisons et tous les vivres dont ils pouvaient disposer. »

« Les nouvelles de l'Ouest sont encore plus satisfaisantes. Et la dépêche suivante a été affichée à Alger :

« Un rapport de S. A. R. M. le duc d'Aumale à M. le gouverneur-général, parvenu dans la soirée d'hier à M. le général de Bar, commandant la division et le territoire d'Alger, annonce l'importante nouvelle que la smalah tout entière d'Ab-el-Kader (environ trois cents douars), qui a été surprise sur la source même du Tagaïn, à vingt lieues sud-ouest de Goudjilah, a été enlevée dans la journée du 16 de ce mois par le prince à la tête de la cavalerie qui, malgré sa grande infériorité numérique et les fatigues des marches de nuit longues et rapides, s'est précipitée avec tant d'impétuosité sur la masse compacte (cinq mille fusils) que présentait l'ennemi pour la défendre, que toute résistance est devenue impossible devant nos cinq cents chasseurs et spahis.

« Ce mémorable combat a eu pour résultat le pillage du trésor d'Ab-el-Kader, la prise de quatre drapeaux, d'un canon et d'autres trophées, d'un butin immense, enfin la capture d'une nombreuse population composé en majeure partie de la tribu des Hachems, e d'une quantité de prisonniers de distinction formant à peu près la totalité des familles le plus éminentes attachées à la fortune d'Ab el-Kader. Tous demandent l'aman en protestant de leur soumission.

« Le prince, qui devait être de retour à Boghar, hier 11, ne tardera pas à arriver dans la Mitidjah avec la considérable prise qu'il ramène.

« M. le gouverneur-général a eu avis de cette importante nouvelle par un bâtiment qui lui a été envoyé à Tenès, dans la soirée d'hier.

« Le farouche kalifat Bou-Hamedi pourchassé avec ses goums jusqu'aux frontières, a été contraint de se retirer dans les états de Maroc. Berkani et Hembarrach, autres lieutenants de l'émir, paraissent avoir franchi le Djebel-Merjijah et gagné le désert.

« M. le gouverneur-général, rentré à Alger le 17 au soir, repartira dans la journée de demain pour Tenès. »

L'*Akbar*, journal d'annonces, dans sa feuille supplémentaire, donnait avis du retour de M. Samuel Scherer, négociant et propriétaire qui, prisonnier de l'émir avait été sauvé comme miraculeusement par la ruse et l'adresse d'un jeune ouvrier français.

On voyait figurer au nombre des passagers partant pour la France, à bord du bateau à vapeur *le Charlemagne,* capitaine Bonnefoi, le comte Amédée Morin, capitaine d'état-major, chevalier de la Légion-d'Honneur; Rolland banquier, de Marseille; Dardelle, architecte, de Lyon; Jacquand, négociant et propriétaire ; David, négociant ; Joseph Meunier, ouvrier imprimeur à Paris et Nicolas Bizot, ex-employé.

Le même soir, un bâtiment de l'État arrivant de Toulon, apportait la nouvelle que le brave général Bugeaud était nommé maréchal de France. Cette haute dignité si justement accordée au gouverneur de l'Algérie, noble récompense de ses loyaux services, fut l'occasion d'une fête impromptue à laquelle tous les habitants ont voulu prendre part. La joie est universelle, et l'armée d'Afrique tout entière accueille par des bravos d'enthousiasme cette nomination qui honore les soldats en glorifiant le chef.

FIN.

# TABLE

## DU DEUXIÈME VOLUME.

### EXCURSIONS. — Suite.

|  | Pages. |
|---|---|
| I. Mustapha. | 5 |
| II. Kouba. | 7 |
| III. Le Marabout du Hamma. | 23 |
| Histoire miraculeuse des deux corps du Marabout Sidi-Abder-Rahman-Ben-Seïd. | 34 |
| IV. Dely-Ibrahim. | 49 |
| V. Drariah, l'Acour, les Chéragas. | 63 |
| VI. Douëra. | 77 |

|  | Pages. |
|---|---|
| VII. Bouffarick. . . . . . . . . . . . | 98 |
| VIII. Blidah. . . . . . . . . . . . . | 119 |
| IX. Le camp de la Chiffa. . . . . . . . . | 137 |
| Histoire de Topal-Figaro-Pacha, racontée par lui-même. . . . . . . . . . . . . . | 155 |
| Une seule réflexion sérieuse. . . . . . . . | 177 |
| Conversations. . . . . . . . . . . . . | 195 |

Sceaux, — Impr. de E. Dépée.

# A LA MÊME LIBRAIRIE.

VOYAGE EN BULGARIE pendant l'année 1841, par M. Blanqui, membre de l'Institut de France. 1 vol. in-18. . . . . . . . . . . 3 fr. 10 c.
LES DERNIERS BRETONS, par Émile Souvestre. 1 vol. in-18. 3 fr. 50 c.
HISTOIRE DES FRANÇAIS DES DIVERS ÉTATS AUX CINQ DERNIERS SIÈCLES, par Amans-Alexis Monteil. 8 gros vol. in-8. . . . . . 64 fr.
        Cet ouvrage a été couronné deux fois par l'Institut.
DE LA PUISSANCE AMÉRICAINE, par le major Poussin. 2 beaux vol. in-8, avec une carte spéciale des États-Unis, 2ᵉ édition. . . . . . . . 16 fr.
RÉVOLUTIONS DES PEUPLES DU NORD, par J.-M. Chopin. 4 vol. in-8 32 fr.
NAPOLÉON ET L'ANGLETERRE, par le vicomte de Marquessac. 2 vol. in-8. . . . . . . . . . . . . . . . . . . . . . . . . . . . 15 fr.
HISTOIRE DES LETTRES depuis l'établissement du christianisme jusqu'au XVIᵉ siècle, par Amédée Duquesnel. 2 beaux vol. in-8. . . . 15 fr.
DU TRAVAIL INTELLECTUEL EN FRANCE, résumé de la littérature française, de 1815 à 1837, par Amédée Duquesnel. 2 vol. in-8, 2ᵉ édition.15fr.
HISTOIRE DES IDÉES LITTÉRAIRES EN FRANCE AU XIXᵉ SIÈCLE et de leurs origines dans les siècles antérieurs, par Alfred Michiels. 2 beaux vol. in-8. . . . . . . . . . . . . . . . . . . . . . . . . . 15 fr.
CONTES POPULAIRES DES ANCIENS BRETONS, précédés d'un Essai sur l'origine des Épopées chevaleresques de la Table-Ronde, par Th. de la Villemarqué. 2 vol. in-8. . . . . . . . . . . . . . . . . 15 fr.
ÉTUDES SUR L'ALLEMAGNE, renfermant une histoire de la peinture allemande, par Alfred Michiels. 2 beaux vol. in-8. . . . . . . . 15 fr.
LETTRES INÉDITES de mademoiselle Phlipon (madame Roland) adressées aux demoiselles Cannet, de 1772 à 1780. 2 vol. in-8. . . . . . 15 fr.
LA CHAMBRE DE LA REINE, par Pitre-Chevalier. 4 vol. in-8. . . 30 fr.
ÉLIZA DE RHODES, par Amédée Duquesnel. 2 vol. in-8. . . . . 15 fr.
BRUNE ET BLONDE, par Pitre-Chevalier. 2 vol. in-8. . . . . . 15 fr.
L'AMIRAL DE BRETAGNE, par Ernest Ménard. 2 vol. in-8. . . . 15 fr.
WIELAND ou la Voix mystérieuse, par Brockden Brown. 2 vol. in-8. 15 fr.
LE POÈTE ET LE MONDE, par J.-I. Kraszewski. 1 vol. in-8. 7 fr. 50 c.
BLANCHE, par Justin Gensoul. 1 vol. in-8. . . . . . . . . . 7 fr. 50 c.
DEUX MOIS D'ÉMOTIONS, par madame Louise Colet. 1 vol. in-8. 7 fr. 50 c.

---

### ÉTUDES SUR LA BRETAGNE, PAR PITRE-CHEVALIER.

*Jeanne de Monfort* (époque guerrière, 1342). 2 vol. in-8. Prix : 15 fr.
*Michel Columb*, le Tailleur d'images (époque des arts, 1490). 2 v. in-8. Prix : 15 fr.
*Aliénor*, prieure de Lok-Maria (époque de la ligue, 1594). 2 v. in-8. Prix : 15 fr.
*Conan-le-Têtu* (époque maritime, 1694), paraîtra le 1ᵉʳ novembre.

### LES ENFANTS DE PARIS, PAR ÉMILE VANDER-BURCH,
#### SÉRIE DE ROMANS DE MŒURS PARISIENNES.

*L'Armoire de fer*, histoire d'avant-hier. 2 vol. in-8. Prix : 15 fr.
*Zizi, Zozo et Zaza*, histoire de trois étages. 2 vol. in-8. Prix : 15 fr.
*Le Panier à salade*, histoire de soixante-sept maisons. 2 vol. in-8. Prix : 15 fr.
*La Maison maudite*, histoire de cent ans. 2 vol. in-8. Prix : 15 fr.

---

AYMÉ VERD, par sir WALTER-SCOTT. 3 vol. in-8. . 24 fr.
LE MAT DE COCAGNE, par ÉMILE SOUVESTRE. 2 vol. in-8. Prix. . . . . . . . . . . . . . . . . . . . . . . . 15 fr.
LES DEUX MISÈRES, par ÉMILE SOUVESTRE. 2 vol. in-8.
BÉATRIX D'URGEL, par l'auteur d'*Allan Caméron* et d'*Aymé Verd*. 2 vol in-8.
UN RÉGENT, par JULES MARESCHAL. 2 vol. in-8. . . 15 fr.
LA POLOGNE illustrée, par LÉONARD CHODSKO. 1 vol. grand in-8. . . . . . . . . . . . . . . . . . . . . . . . . 20 fr.

www.ingramcontent.com/pod-product-compliance
Lightning Source LLC
Chambersburg PA
CBHW070844170426
43202CB00012B/1937